Das Tao der
Sonnenkraft

Christian Dittrich-Opitz

Das Tao der Sonnenkraft

Sonnenyoga für die heutige Zeit

HANS-NIETSCH-VERLAG

Die in diesem Buch vorgestellte Methode des direkten Schauens in die Sonne ist vom Autor erprobt und wird hier von ihm nach bestem Wissen erläutert. Von der Medizin jedoch wird sie nicht als unbedenklich eigenstuft. Autor und Verlag übernehmen keine Verantwortung für die Resultate der praktischen Anwendung dieser Technik. Diese Methode ersetzt keine notwendige medizinische Behandlung.

© Hans-Nietsch-Verlag 2013
Alle Rechte vorbehalten. Nachdruck, auch auszugsweise, nur mit ausdrücklicher Genehmigung des Verlages gestattet.

Lektorat: Otmar Fischer
Korrektorat: Ute Orth
Gestaltung und Cover: Kurt Liebig
(unter Verwendung von Fotos von
© Inga Ivanova/shutterstock, Serg64/shutterstock)
Satz: Hans-Jürgen Maurer
Druck: CPI Moravia Books s.r.o., Pohořelice/
Tschechische Republik

Hans-Nietsch-Verlag
Am Himmelreich 7
79312 Emmendingen

www.nietsch.de
info@nietsch.de

ISBN 978-3-86264-227-4

Inhalt

Vorwort

Sonnenyoga ist ein Weg der inneren Transformation durch ein direktes Schauen in die Sonne. Das Wort *Yoga* bedeutet etymologisch „Vereinigung" und mit dem Schauen in die Sonne wird unsere Lebenskraft mit der immensen Kraft der Sonne vereint.

Sonnenyoga ist ein ganz individueller Prozess und traditionell wurden die Methoden des Sonnenyoga immer mit großem Respekt vor der Einzigartigkeit jedes Menschen vermittelt. Dieses Buch soll einige für jeden nützliche Hinweise und Anregungen für diesen ausgesprochen effektiven Weg des inneren Erwachens geben, aber letzten Endes ist der Weg ganz einzigartig für jeden Menschen, der sich auf dieses Abenteuer einlässt.

Die Verehrung der Sonne ist vermutlich so alt wie die Menschheit selbst. Sonnenkulte und Mythologien, in denen die Sonne als ein Wesen gesehen wird, das dem Menschen göttliche Kräfte einhaucht, finden wir zum Beispiel bei den Inkas und Mayas, im alten Ägypten und in griechischen Mysterienschulen.

Die ersten Ärzte der Menschheit, von denen wir wissen, waren die Priester des ägyptischen *Horus*-Kults. Horus war der ägyptische Sonnengott, und eines der ältesten erhaltenen Dokumente der antiken ägyptischen Kultur ist der *Papyrus Ebers*, der ausdrücklich empfiehlt, sich zur Gesundheitspflege der Sonne auszusetzen.

Konkrete Hinweise auf die Nutzung der Sonnenkraft durch ein direktes Schauen in die Sonne sind zwar seltener als die kryptischen Andeutungen, die wir in Beschreibungen alter Sonnenkulte finden, aber dennoch gibt es auch hier eine Fülle von Informationen. Wenn ich in der Überschrift des 1. Kapitels das

Wort „verborgen" benutze, dann deswegen, weil im Vergleich zu vielen inzwischen weltweit bekannten Methoden, die der inneren Transformation dienen, die direkte Nutzung der Sonne über die Augen noch wenig verbreitet ist.

In Kapitel 1 dieses Buchs wird auf traditionelle und moderne Lehrer des Sonnenyoga eingegangen. Dies soll verdeutlichen, dass Sonnenyoga keiner bestimmten Kultur oder Religion zugehörig ist. Die universale Wirkung der Sonnenkraft wurde zu allen Zeiten von Menschen mit ganz unterschiedlichen ethnischen, kulturellen und religiösen Prägungen erfahren. Zum anderen verdeutlicht uns eine Auseinandersetzung mit der Tradition des Sonnenyoga, dass im Gegensatz zu weit verbreiteten Vorbehalten das Schauen in die Sonne gesundheitlich unbedenklich ist, wenn es richtig durchgeführt wird.

In Kapitel 2 befassen wir uns mit der Rolle, den der Sonnenyoga in einer integralen Spiritualität spielen kann.

In Kapitel 3 wenden wir uns der eigentlichen Praxis des Sonnenyoga zu. Wer am liebsten gleich beginnen möchte, kann sofort in Kapitel 2 einsteigen und die Empfehlungen zur Praxis beim nächsten Sonnenaufgang anwenden.

In Kapitel 4 gehen wir auf einige wissenschaftliche Ideen zur Sonne ein und stellen uns die Frage, ob die Sonne tatsächlich ein heißer Feuerball ist. Dies ist keineswegs so sicher, wie es zumeist angenommen wird.

Auf Sonnenenergie als Basis einer Leben spendenden Ernährung wird in Kapitel 5 eingegangen.

Zum Abschluss des Buches in Kapitel 6 stelle ich einen Erfahrungsbericht vor und beantworte Fragen, die mir zum Thema „Sonnenyoga" häufig gestellt werden.

1

Die verborgene Tradition des Sonnenyoga

Im Folgenden werden einige der wesentlichen Pioniere des Sonnenyoga vorgestellt. Gemeinsam ist ihnen allen, dass sie die Menschen immer ermutigt haben, Heilung und spirituelles Erwachen mithilfe der Sonnenkraft zu finden. Weiterhin ist ihnen gemeinsam, dass ihre Lehren zutiefst integraler Natur sind, sie umfassen Transzendenz und einen harmonischen Umgang mit dem menschlichen Leben gleichermaßen. Diesem starken Bedürfnis nach einer Integration spirituellen Erwachens in das alltägliche Leben, das besonders Menschen im westlichen Kulturkreis haben, kommt der Sonnenyoga aufgrund seiner Wirkung besonders entgegen.

Mahavir

Mahavir ist der gebräuchliche Ehrenname für den großen Wiederbeleber des *Jainismus*, von dem angenommen wird, dass er ein Zeitgenosse des Buddha war. Er wurde vermutlich 599 v. Chr. als Vardhamana geboren und erhielt später den Namen Mahavir, was „großer Held" bedeutet. Für die *Jainas* gilt er nicht, wie es manchmal dargestellt wird, als Gründer ihrer Religion, vielmehr wird er als der letzte einer Reihe von 24 vollkommenen Meistern, den *Tirthankaras*, die alle karmischen Bindungen aufgelöst und Allwissenheit erreicht hatten, angesehen.

Bemerkenswert sind die vielen Parallelen zum Leben des

Buddha, denn wie dieser wuchs Mahavir als Prinz auf und verließ im Alter von dreißig Jahren das höfische Leben, um in der freien Natur ohne Besitz zu leben und die Wahrheit des Seins in Meditation zu suchen. Zwölf Jahre lang lebte Mahavir in der Natur, wo er sich der Kontemplation tiefgründiger innerer Fragen und der Meditation allgemein widmete; in dieser Zeit erfuhr er auch die wundersame Kraft der Sonne. Das Schauen in die Sonne ermöglichte es ihm, lange Zeit ohne Nahrung zu leben und sich einen kraftvollen, gesunden Körper zu erhalten. Statuen Mahavirs wirken zumeist androgyn, was die Ausgewogenheit der männlichen und weiblichen Energien symbolisieren soll, die den *Tirthankaras* nachgesagt wird. In Mahavirs eigenem Leben findet sich mit der Anwendung der Sonnenkraft bereits ein interessanter Hinweis auf ein scheinbares Paradox der Lehren des *Jainismus*, die er später verbreitete. Der *Jainismus* wird oftmals als besonders asketisch oder weltabgewandt dargestellt. In der Tat geht es in der *Jaina*-Lehre darum, dass in jedem Lebewesen die reine Seele („*Shuddhatma*", zusammengesetzt aus *shuddha* = rein und *atma* = Seele oder Selbst) existiert, die durch die Verbindung mit einem Körper und seinen Gedanken, Emotionen etc. ihre eigene Natur nicht erkennen kann. So besteht der Prozess der geistigen Befreiung im *Jainismus* aus einer im Inneren realisierten Trennung der reinen Seele vom Nicht-Geistigen, wozu übrigens auch alle feinstofflichen Dimensionen gehören. Alle Verhaftung der Seele an Materie wird als karmische Bindung angesehen, die es zu lösen gilt. Das klingt in der Tat zunächst wie eine Lehre, die ausschließlich zur Transzendenz ermuntert und das irdische Leben gering schätzt. Dies ist in der Praxis aber zumeist nicht der Fall. Mahavir wurde in seiner Jugend umfassend in Kampf- und Kriegskunst geschult und war später als geistiger Lehrer ein so machtvoller Verkünder der Gewaltlosigkeit, dass Mahatma Gandhi ihn 2500 Jahre später zum Vorbild für seinen gewaltlosen Widerstand gegen die britische Herrschaft nahm. Die Botschaft der Gewaltlosigkeit hat bei den *Jainas* so tiefe Wirkung hinterlassen, dass die Briten am Ende ihrer Jahrhunderte währenden Herrschaft in Indien konstatierten, es sei kein einziger Anhänger des *Jainismus* jemals des Mordes beschuldigt worden. All dies ging zurück auf die Lehre eines *Ksatryias*, also eines in die Krieger- und Herrscherkaste geborenen Mannes. Gegensätze zu vereinen ist ein wesentliches Merkmal geistiger Reife und Mahavir war ein leuchtendes Beispiel für dieses Prinzip.

Obwohl der *Jainismus* so klar die geistige Befreiung von begrenzender Verhaftung an Körper und irdische Welt lehrt, legt er großen Wert auf einen gesunden, kraftvollen Körper und einen ausgesprochen achtsamen und rücksichtsvollen Umgang mit der Erde. In ökologischer Hinsicht war der *Jainismus* schon immer vorbildlich. Die *Jainas* zeichnen sich auch bis heute dadurch aus, dass sie allen Menschen medizinische Versorgung zukommen lassen, auch den kastenlosen, die oftmals durch das soziale Netz Indiens fallen. Tiere werden von den *Jainas* liebevoll versorgt und gepflegt, wie zum Beispiel in dem rein durch ehrenamtliche Tätigkeit ermöglichten Vogelkrankenhaus in Delhi. Ein gütiger Umgang mit dem Leben auch auf einer ganz und gar körperlichen Ebene ist charakteristisch für die *Jainas*.

Ich erwähne dieses scheinbare Paradox der Lehren des *Jainismus*, weil es auf einen wichtigen Aspekt integraler Spiritualität hinweist, den wir im Sonnenyoga wiederfinden. Da Mahavir ein Praktizierender des Sonnenyoga war, ist es nicht verwunderlich, dass wir auf dieses Thema sowohl in seinen Lehren wie auch im Sonnenyoga allgemein stoßen. Zum einen weist wahre Spiritualität den Menschen darauf hin, dass seine Existenz als Körper und

Persönlichkeit eine zeitweilige Erscheinung ist, die im Sein, das jenseits aller Veränderung verbleibt, entsteht und vergeht. Manchmal können solche Lehren dann zu einer Geringschätzung und Vernachlässigung der begrenzten Aspekte des menschlichen Lebens führen. Eine solche Haltung mag unter bestimmten kulturellen Umständen ohne dramatische Folgen bleiben, funktioniert aber für die Mehrheit der Menschen in der westlichen Welt nicht, weshalb ja dort ein großes Interesse an integraler Spiritualität zu beobachten ist. Transzendenz und irdische Belange sollten gleichermaßen zu ihrem Recht kommen, und diese Haltung findet man bei den meisten Menschen vor, die sich in unserem Kulturkreis für Spiritualität interessieren. Menschen wie Mahavir geben uns interessante Hinweise darauf, wie gerade die Erkenntnis der Vergänglichkeit des irdischen Lebens dazu führt, dass es besonders wertgeschätzt und liebevoll angenommen wird.

Dies ist auch eine Erfahrung, die durch die transformierende Kraft des Sonnenyoga zugänglich wird, gerade weil man seine eigene Identität unabhängig von den Ebenen des Körpers, der Persönlichkeit und der Lebensumstände erlebt, werden diese Bereiche unseres Daseins mit mehr Achtsamkeit und Mitgefühl durchdrungen.

Mahavir selbst hinterließ eine Tradition der Ethik und Religiosität, die sich im Umgang mit dem Leben beweist und die bis zum heutigen Tag lebendig geblieben ist. Doch erstaunlicherweise ist die Praxis des Sonnenyoga weitgehend aus dem Blickfeld des *Jainismus* verschwunden. Die *Jainas* der heutigen Zeit gehen davon aus, dass der Zustand der vollständigen seelischen Befreiung eines Mahavir für den modernen Menschen unerreichbar ist. In religiösen Traditionen geschieht es immer wieder, dass die effektivsten Lehren oder Methoden in Vergessenheit geraten und

Pioniere wie Mahavir oder Jesus deshalb wie unerreichbare Wesen erscheinen. Doch die lebendigen, ursprünglichen spirituellen Lehren haben den Menschen immer ermutigt, ihr eigenes Potenzial zur inneren Entfaltung zu erkennen. Die großen Lehrer des *Jainismus* wie Mahavir haben der Menschheit mehr hinterlassen als eine tiefgründige religiöse Ethik. Sonnenyoga war in Mahavirs eigenem Leben von wesentlicher Bedeutung und ist eine zeitlose Möglichkeit, die Freiheit und Vollständigkeit der Seele zu realisieren.

Erst durch die Pionierarbeit von Hira Ratan Manek in den vergangenen Jahrzehnten wurde Mahavirs Sonnenyoga wiederentdeckt und seine Bedeutung im Zusammenhang mit den *Jaina*-Lehren aufgezeigt.

Hira Ratan Manek

Hira Ratan Manek wird meistens einfach als „HRM" bezeichnet, er selbst wendet dieses Akronym für seinen Namen auch an, sodass ich es im Folgenden übernehmen werde. HRM wurde 1937 in Bodhavad, Indien, geboren und erfuhr schon in seiner Jugend von der alten Tradition des Sonnenyoga. Zunächst aber studierte er Maschinenbau, und dann widmete er sich den Geschäften seiner Familie, die eine Spedition und einen Gewürzhandel betrieb. 1962 traf er Mira Alfassa (1887–1973), die spirituelle Gefährtin von Sri Aurobindo. Aurobindo war mit der nur auf Erlösung von der Wiedergeburt ausgerichteten Yogaphilosophie nicht einverstanden gewesen und hatte mit Mira Alfassa gemeinsam einen neuen, den Integralen Yoga entwickelt, der die Transformation des Menschen bis in die Zellen des Körpers zum Ziel hat.

HRM bekam in seiner Begegnung mit Mira Alfassa die deutliche Botschaft, den Sonnenyoga wiederzuentdecken und zu verbreiten. Nachdem er 1992 in den Ruhestand gegangen war, erforschte er den Sonnenyoga ausgiebig und erzielte bemerkenswerte Resultate. Er hielt sich dabei vornehmlich an die Erkenntnisse von Mahavir, aber wurde auch durch alte ägyptische und indianische Quellen über die Kraft der Sonne inspiriert.

Die Möglichkeit des Menschen, ohne Nahrung zu leben, wird ja seit vielen Jahren von verschiedenen Autoren propagiert. HRM ist einer der wenigen Menschen, die diese Fähigkeit tatsächlich über längere Zeiträume unter wissenschaftlicher Aufsicht demonstriert haben. Die erste überwachte Fastenperiode durchlief HRM 1995/1996 für 211 Tage unter der Aufsicht von Dr. C. K. Ramachandran, einem Arzt, der schulmedizinische und ayurvedische Ansätze verbindet, in Calicut, Südindien. Unter gewöhnlichen Umständen beträgt die längste Zeit, die ein Mensch realistisch ohne Nahrung auskommen kann, sechzig bis achtzig Tage. HRM konnte problemlos bei gleichbleibend guter Gesundheit völlig ohne Nahrung leben.

Im nächsten Experiment wurde sein Fasten 2000/2001 über 411 Tage beaufsichtigt. Diesmal fand das Experiment in Ahmedabad statt, ganz in der Nähe des Ashrams von Mahatma Gandhi. Ein Team aus 21 Ärzten und Wissenschaftlern, geleitet von Dr. Sudhir Shah, überwachte und untersuchte HRM in dieser Zeit. HRM hielt sich an die strikten Regeln des Fastens der *Jainas* und nahm nur zwischen 11 und 16 Uhr abgekochtes Wasser zu sich. Keine anderen Flüssigkeiten, Nahrungsmittel oder Infusionen standen ihm zur Verfügung. Täglich wurden Puls, Blutdruck, Schweißbildung und andere medizinische Parameter gemessen; umfassendere medizinische Untersuchungen fanden ebenfalls regelmäßig statt. Zum großen Erstaunen der Ärzte veränderten sich die lebenswichtigen Körperfunktionen von HRM in dieser Zeit kaum. Die Anzahl seiner Atemzüge sank in der gesamten Zeit von 18 pro Minute auf 10 pro Minute, was in Bezug auf Langlebigkeit ein Gewinn ist. Alle langlebigen Tiere (wie Elefanten oder Schildkröten) haben eine niedrige Atemfrequenz, und Menschen, die in Höhenluft leben, atmen ebenfalls mit niedriger Frequenz und leben länger.

> *„Ganz gewiss werden die Menschen in baldiger Zukunft die Sonne nicht nur als einen Himmelskörper, sondern als eine erhabene Kraft akzeptieren."*
> Hira Ratan Manek

Bei einem Fasten dieser Länge müsste sich beim „normalen" Menschen irgendwann eine erhebliche Menge von Aceton im Körper gebildet haben. Bei Unterernährung entsteht aufgrund von Insulinmangel als Abfallprodukt des Stoffwechsels Aceton, ähnlich wie im diabetischen Koma. HRM wies während der gesamten 411 Tage Fasten keine Acetonbildung auf, was darauf hindeutet, dass sein Körper nicht im ungesunden Sinne unterernährt war.

Diese Ergebnisse erregten natürlich Aufsehen in wissenschaftlichen Kreisen, und so wurde HRM an die Universität von Virginia und die Universität von Philadelphia eingeladen, wo er sich weitere 130 Tage lang Tests unterzog. Einer der führenden Spezialisten für die neurologischen Aspekte von spirituellen Phänomenen, Dr. Andrew Newberg, unterzog HRM umfassenden Tests. Wie die meisten Psychiater war Dr. Newberg als junger Arzt davon ausgegangen, dass alle mystischen Erlebnisse von Menschen einen pathologischen Ursprung haben. Im Laufe seiner Forschung stieß er aber zunehmend auf definierbare Unterschiede zwischen Pathologien, die religiösen Wahn mit sich bringen, und authentischen mystischen Erfahrungen, die sich positiv auf die betreffende Person auswirken.

Dr. Newberg konnte feststellen, dass das Gehirn von HRM nicht den üblichen Alterungsprozess durchlief, sondern sich verjüngte, was bis dahin in der neurologischen Forschung bei einem Menschen über sechzig Jahre praktisch unbekannt war.

Insgesamt wurden über 700 Aufnahmen von HRMs Gehirn gemacht, die allesamt die Regeneration seiner Neuronen zeigten, während im Normalfall bei einem Menschen im reiferen Alter eine Degeneration der Neuronen messbar ist.

Interessanterweise wurde auch festgestellt, dass HRMs Zirbeldrüse 2,4-mal größer war, als es bei einem Mann seines Alters zu erwarten wäre. Die Zirbeldrüse wird in vielen mystischen Traditionen als das eigentliche dritte Auge dargestellt (während der Punkt zwischen den Augenbrauen als Eingang eines Kanals beschrieben wird, der zum dritten Auge führt). Die taoistischen Lehren gehen davon aus, dass ein Wachstum der Zirbeldrüse ein wesentliches Merkmal für die Aktivierung höherer geistiger Potenziale im Menschen ist. Dr. George C. Bernhard, einer der führenden Forscher auf dem Gebiet der Zirbeldrüse, bestätigte diese Ergebnisse bei HRM.

HRM reist seit 2002 um die ganze Welt, um die alte Praxis des Sonnenyoga, die er schlicht *Sungazing* (englisch für „Sonnenschauen") nennt, bekannt zu machen. Er möchte den Menschen diese große Möglichkeit zum inneren Wachstum und zur körperlichen Heilung ohne unnötige Kosten, ohne Bindung an einen Guru oder eine Organisation zur Verfügung stellen.

Mit inzwischen fünfundsiebzig Jahren ist HRM unermüdlich tätig, um Sonnenyoga bekannt zu machen, ohne persönlichen

Profit zu erwarten. Er hat Tausende von Menschen zum Sonnenyoga inspiriert und zahlreiche Anwender seiner Methode haben erstaunliche Veränderungen und Transformationen erfahren. Der Sonnenyoga hat HRM viel zu verdanken und in ihm ein wunderbares Beispiel für Güte und Schlichtheit in der Vermittlung einer zeitlosen spirituellen Lehre vorzuweisen.

Taoistische Einsiedler

Im Jahr 2001 hatte ich die Gelegenheit, mit einem taoistischen Lehrer den berühmten Emei Mountain in Szechuan, China, zu besuchen. Auf dem gewaltigen Bergmassiv leben seit Jahrhunderten viele taoistische Einsiedler in Höhlen und praktizieren *Neigong*, *Qigong*, Meditation, das Flötenspiel und eben auch den Sonnenyoga. Diese Einsiedler verbringen oft mehrere Jahre ganz in der Natur, schlafen in Höhlen und stehen bei Sonnenaufgang auf, um die Morgensonne in ihre Augen scheinen zu lassen. Sie trinken den Morgentau auf den Pflanzen und benötigen sehr wenig Nahrung. Ihre Körper passen sich den Temperaturen der verschiedenen Jahreszeiten hervorragend an.

Aus dieser Einsiedlertradition des Emei Mountain sind schon viele hervorragende *Qigong*-Lehrer und -Lehrerinnen hervorgegangen, wie zum Beispiel Meisterin Qinyin, die Begründerin des *Qinway Qigong*.

„Wird der Mensch sonnengleich,
so offenbart die Natur all ihre Geheimnisse.
Was das Denken nicht erfassen kann,
erkennt das Herz, das der Sonne gleicht."
Taoistisches Sprichwort

17

Emei Mountain ist ein außergewöhnlich schöner und kraftvoller Ort, der eine faszinierende Mischung aus Stille und der Lebendigkeit einer tropischen Tier- und Pflanzenwelt in sich vereint.

Die Praxis des Sonnenyoga ist den Einsiedlern hier seit Jahrhunderten vertraut und ein normaler Bestandteil eines zutiefst naturverbundenen Lebens. Auch andere taoistische Linien kennen den Sonnenyoga. In der taoistischen Heilkunst wird zur Verbesserung der Sehfähigkeit sogar eine bestimmte Übung des In-die-Sonne-Schauens empfohlen, was in einem deutlichen Gegensatz zu der weit verbreiteten Idee steht, dies führe grundsätzlich zu Augenschäden.

William Bates

Der Augenarzt William Bates (1860–1931) war wohl nicht mit dem Sonnenyoga als einer Methode spiritueller Entwicklung vertraut. Sein Lebenswerk war eine Alternative zu der gängigen Augenheilkunde, die Sehschwächen weitgehend als unveränderlich ansieht und Brillen zur Normalität erhebt. Bates war der Meinung, dass fast alle Probleme mit dem menschlichen Sehvermögen durch Stress im Augenbereich verursacht werden. Daher entwickelte es Augenübungen, die Stressmuster auflösen und das natürliche Sehvermögen des Menschen wiederherstellen sollten. Bates lieferte mit seiner Arbeit die Grundlage für die heutzutage populärer werdende ganzheitliche Sehschulung.

Spektakuläre Ergebnisse wurden mit der Bates-Methode auch Jahrzehnte nach seinem Tod erzielt. Erwähnenswert ist der Fall des Amerikaners Meir Schneider, der als Kind nach mehreren fehlgeschlagenen Augenoperationen blind war. Mit siebzehn Jahren lernte er die Bates-Methode kennen und gewann sein Sehvermögen vollständig zurück, sodass er auch den Führerschein machen konnte.

Die Bates-Methode ist für eine Vielzahl von Augenübungen bekannt, die später in andere Systeme des ganzheitlichen Sehtrainings übernommen wurden. Weniger bekannt ist die Tatsache, dass ein direktes Schauen in die Sonne Teil der ursprünglichen Bates-Methode war. Bates selbst war der Meinung, dass ein Mensch mit wirklich gesunden und entspannten Augen in die Sonne schauen könne, ohne dass Anspannung oder Schmerz im Augenbereich aufträten. Er sah das Schauen in die Sonne auch als eine Methode an, das Sehvermögen zu verbessern. Das von ihm propagierte Palmieren, also das Ruhen der geschlossenen Augen auf den Handflächen, ist von den Lehrern des Sonnenyoga übernommen worden und gehört zu den am häufigsten empfohlenen Bestandteilen der Übungspraxis. Bates war ein mutiger Visionär der Augenheilkunde, und seine Erkenntnisse überschneiden sich mit wichtigen Punkten der alten Tradition des Sonnenyoga.

Sunyogi Umashankar

Sunyogi Umashankar ist einer der bedeutenden Vertreter des Sonnenyoga unserer Zeit. Er wird oft einfach „Sunyogi" genannt, was ich in diesem Buch so übernehme. Sunyogi wurde 1967 in Kalkutta geboren und interessierte sich früh für spirituelle Themen. Eines Tages hörte er den Vortrag eines spirituellen Lehrers und hatte das deutliche Gefühl, dass dieser Mann die Menschen in die Irre führte. Sein Vater ermutigte ihn dazu, seine eigenen Antworten im Inneren zu finden. Seine Mutter initiierte ihn im Alter von vierzehn Jahren in den *Kriya Yoga*, die kraftvolle meditative Praxis des Mahavatars Babaji, die durch Paramahansa Yogananda weltweit bekannt wurde.

Sunyogi absolvierte eine Ausbildung zum Elektroingenieur und führte zwei Jahre lang ein Geschäft, in dem er Fernsehgeräte verkaufte. Doch schließlich spendete er das Geschäft einer Schule und begab sich auf eine abenteuerliche Reise, die ihn zu erstaunlichen Tiefen der inneren Verwirklichung durch den Sonnenyoga führen sollte.

Am 2. Februar 1995 wollte er dem berühmten *Pondicherry*-Ashram beitreten, der auf Sri Aurobindo zurückgeht. Zunächst aber wurde er abgewiesen, was sich letzten Endes als Glücksfall herausstellen sollte. Er fand Arbeit in den Gästehäusern, die in der Nähe des Ashrams lagen, und praktizierte morgens am Meer seine Meditationen. Da Pondicherry an der Ostküste Indiens liegt, sah Sunyogi eines Morgens am Strand den Sonnenaufgang und in diesem Augenblick entdeckte er intuitiv den Sonnenyoga. Geprägt von seiner wissenschaftlichen Ausbildung, führte er verschiedene Experimente mit dem Schauen in die Sonne durch und entdeckte auch, dass die Sonne begann, seinen Körper zu ernähren. Daraufhin reduzierte er seine Nahrungszufuhr und stellte diese dann ganz ein. Wenig später erlebte er aber eine körperliche Schwächung und verstand, dass der Körper sich langsam daran adaptieren muss, von Sonnenlicht zu leben. Als er sich entschloss, wieder zu essen, widerfuhr ihm Erleuchtung.

Hier zeigt sich eine interessante Parallele zum Werdegang des Buddha, dessen Erleuchtung geschah, als er nach langer Askese beschloss, wieder zu essen. Sunyogis Körper entwickelte schließlich die Fähigkeit, von Sonnenlicht zu leben, aber dies geschah auf natürliche Weise, von allein, ohne dass er es forcierte.

Am 2. Februar 1997 verließ Sunyogi den *Pondicherry*-Ashram

und machte sich auf eine Wanderung, nur mit zwei Tüchern bekleidet und ohne jeglichen anderen Besitz. Er hatte das überwältigende Gefühl, überall zu Hause zu sein, warum also sollte er irgendetwas mit auf den Weg nehmen. Sechs Jahre wanderte er so durch Indien und erlebte zum Beispiel, dass wilde Tiere ihm friedfertig und sanftmütig begegneten. Auch Menschen, die sich zunächst aggressiv verhielten, wandelten sich und wurden seine Freunde.

Durch diese Begebenheiten entdeckte Sunyogi, dass er durch die Praxis des Sonnenyoga in der Lage war, Feindseligkeit in Güte zu transformieren. Diese Fähigkeit wird auch als die Meisterschaft in den inneren Kampfkünsten beschrieben. Meisterschaft in der Kampfkunst bedeutet, ein Energiefeld zu haben, in dem die aggressive Energie anderer von allein transformiert wird, und man dadurch nicht mehr Ziel von Aggressionen wird. Auch einen Unfall, bei dem er von einem Bus angefahren wurde, überstand Sunyogi ohne Verletzungen.

Nach 75 Monaten, am 1. Mai 2003, beendete er seine Wanderung. Inzwischen hatte er auch begonnen, andere Sonnenyoga zu lehren – in Schulen, an Universitäten und sogar in Gefängnissen. Dabei verlangte er nie Geld oder Gegenleistungen. Die Arbeit wurde durch Spenden und den freiwilligen Einsatz aller Beteiligten möglich.

„Probleme mit seiner Umwelt hat der Mensch, weil die fünf Elemente in seiner Lebensenergie von Störungen beeinträchtigt werden. Sonnenyoga harmonisiert die fünf Elemente und bringt den Menschen so in einen harmonischen Zustand mit seinen Lebensumständen."
Sunyogi Umashankar

Sunyogi hatte einige Visionen und Eingebungen über die kommenden Herausforderungen für die Menschheit und wollte überprüfen, inwiefern Sonnenyoga es dem Menschen ermöglichen kann, auch schwierigste Lebensbedingungen zu meistern. Am 23. Juni 2007 begab er sich von der heißesten Region Indiens mit Temperaturen von bis zu fünfzig Grad Celsius in die Nähe von Thapovan im Himalaya, wo auch im Sommer minus fünfzehn Grad Celsius herrschen.

Er erreichte eine kleine Behausung aus Stein, in der ein alter Mann namens Simla Baba seit vielen Jahren die Sommermonate verbrachte. Simla Baba glaubte, dass Sunyogi Selbstmord begehen wolle, da es normalerweise sechs Jahre dauert, bis der Körper an die klimatischen Bedingungen dieser Region angepasst ist.

Während Simla Baba am Ende des Sommers in die wärmeren Regionen zurückkehrte, überwinterte Sunyogi in dieser bis zu minus 45 Grad Celsius kalten Berglandschaft, ohne warme Kleidung als Schutz zu haben. Simla Baba kehrte im nächsten Frühjahr zurück, überzeugt davon, Sunyogis Leichnam vorzufinden. Er konnte es kaum fassen, als er Sunyogi gesund und munter antraf.

Sunyogi ist bis heute der Einzige, der den Winter dort verbracht hat. Simla Baba vermachte ihm den Schrein, da er in seinen Augen ein Heiliger ist. Unter den vielen Begebenheiten während seines Aufenthaltes in den Bergen, von denen Sunyogi gern in den Workshops erzählt, ist vor allem eine herzergreifend:

Genau um sechs Uhr morgens landeten immer zwei Vögel auf der Hütte, egal ob es stürmte oder schneite, und weckten ihn mit ihrem Gesang. Sie waren stets pünktlich und ihr Gesang erinnerte ihn an die Stimme seiner Mutter während seiner Kindheit. Mittags legte er ihnen Essen hin, aber sie kamen nicht sofort herabgeflogen. Vielmehr riefen sie die anderen Vögel, und erst nachdem die letzten die Futterstelle erreicht hatten, kamen sie und sahen den anderen beim Essen zu und freuten sich, indem sie mit den Flügeln schlugen. Wenn der letzte sein Mahl beendet hatte, begannen die beiden ebenfalls, etwas zu sich zu nehmen. Dies beobachtend, fühlte Sunyogi tief in seinem Inneren, dass selbst Tiere ein höheres Bewusstsein als menschliche Wesen haben können. Sie lehren die Menschheit, wie man sich umeinander kümmert.

Ein anderes Mal gab er den beiden Vögeln Essen und sendete Liebe, um zu zeigen, dass sie es ohne Gefahr annehmen könnten. Aber sie nahmen es nicht. Erst als er mit der Sonne meditierte und seine Liebe über die Sonne sendete, nahmen sie das Essen an. Sie kamen sogar näher und landeten in seinen offenen Händen und berührten seine Füße mit ihren Federn vor lauter Freude über das Mahl. Da erkannte Sunyogi, dass die Sonne der beste „Sender" für Liebe ist.

Während seines ersten Aufenthaltes in dieser abgelegenen Region des Himalaya hatte Sunyogi seine erste Vision des Mahavatar Babaji, eines unsterblichen Meisters, der sich gelegentlich Menschen offenbart, um ihnen verborgenes Wissen über die spirituelle Entwicklung der Menschheit mitzuteilen. Mahavatar Babaji erschien im 19. Jahrhundert dem Yogi Lahiri Mahasaya, der mit seinem Segen den *Kriya Yoga* zu den Menschen brachte. Nun erschien Babaji erneut, um Sunyogi neues Wissen über die energetischen Zusammenhänge zwischen spiritueller Entwicklung und dem Wesen der Sonne zu vermitteln. Sunyogi erfuhr dabei, dass im Inneren der Sonne keine Hitze vorhanden ist, was interessanterweise zurzeit auch von einigen Wissenschaftlern postuliert wird.

Am 22. Juni 2009 kehrte der Sunyogi nach zweijährigem Retreat in die Gesellschaft zurück, um sein Wissen und seine Erfahrung mit der Menschheit zu teilen. Zentrum seines Wirkens ist das *Universal Peace Center* (UPC), das 1998 gegründet wurde. Sechs Jahre lang diente sein Geburtshaus als Ashram, und die Menschen kamen, um von ihm zu lernen und sich nach seiner speziellen Akupressurmethode behandeln zu lassen. 2004 wurde ein kleines Gebäude auf dem Familienbesitz gebaut, und im August 2010 begann der Bau des jetzt genutzten größeren Gebäudes. Es soll schließlich vier Etagen umfassen. Hier wird nicht nur Sonnenyoga gelehrt, sondern das UPC hat seine eigene Pflanzenzucht, eine Kuhherde, ein Ausbildungszentrum für Akupressur und ein Gesundheitszentrum, in dem auch Langzeitaufenthalte möglich sind. Den 25 Dörfern in der Umgebung wurde durch zahlreiche Spenden geholfen. Jedes Jahr werden Pflanzen, Kleider und Schulbücher verteilt, und die Dorfstraße wurde repariert. Das UPC war auch am Wiederaufbau der 2004 vom Tsunami betroffenen Gebiete beteiligt.

Jede Unterstützung ist willkommen, die hilft, die Mission zu erfüllen, eine nachhaltige und zukunftsfähige Wirtschaft und Gesellschaft zu schaffen und weltumfassenden Frieden, Brüderlichkeit und Einheit zu bringen. Die anstehenden Projekte sind ein Waisenhaus, eine Weberei, eine Schule und eine Universität, deren Lehrplan alle körperlichen und spirituellen Bereiche des Lebens umfasst und Wissenschaftlern die Möglichkeit gibt, der Menschheit zu helfen.

Omraam Mikhaël Aïvanhov

Der in Bulgarien als Mikhaël Aïvanhov geborene Mystiker soll an dieser Stelle erwähnt werden, auch wenn er nicht den Sonnenyoga auf die Art lehrte, wie er in diesem Buch vermittelt wird.

Aïvanhov lernte als Siebzehnjähriger den bulgarischen geistigen Lehrer Peter Deunov kennen und wurde sein Schüler. Da Deunov die politischen und kriegerischen Unruhen, die Bulgarien bald überkommen sollten, vorhersah, riet er Aïvanhov 1937, nach Südfrankreich auszuwandern, wo dieser bald als geistiger Lehrer einen tiefen Eindruck auf zahlreiche Menschen machte.

Aïvanhovs Lehren sind außerordentlich vielseitig und erinnern teilweise an das Themenspektrum, das Rudolf Steiner zu eigen war. Neben esoterischen und mystischen Themen sprach Aïvanhov ebenso fast alle menschlichen Lebensbereiche an, Ernährung, Sexualität, Atmung, Gedankenkraft, Alchemie und vieles andere.

Während einer Indien-Reise traf er den unkonventionellen Guru Neem Karoli Baba, der durch viele westliche Schüler, wie Ram Dass, den ehemaligen Psychologie-Professor an der Harvard-Universität, weltweit bekannt wurde. Von Neem Karoli Baba erhielt er den Namen Omraam, zusammengesetzt aus *om*, einer Silbe, die den Hindus als heilig gilt und den Urklang der Schöpfung bezeichnet, und *ram* oder *raam*, dem Gottesnamen, der weithin als Mantra gebräuchlich ist.

Ob Omraam Mikhaël Aïvanhov in Indien Lehrer des klassischen Sonnenyoga traf, ist mir nicht bekannt. In seiner Gemeinschaft *Le Bonfin* in Südfrankreich bestand das übliche Morgenritual jedenfalls in einem Begrüßen der aufgehenden Morgensonne und einer tiefen Kontemplation über das Wesen der Sonne. Auch wenn Aïvanhov nicht das längere direkte Schauen in die Sonne lehrte, so hat er doch einen Schatz an Inspirationen über das Wesen der Sonne hinterlassen. Sein Anliegen bestand in Bezug auf Sonnenyoga vor allem darin, den Menschen dazu anzuregen, sein Wesen mit dem der Sonne so tief zu verbinden, dass ihre Wesenseigenschaften die menschliche Natur zutiefst transformieren.

Aïvanhovs Worte versinnbildlichen die archetypische Rolle der Sonne im Prozess geistigen Erwachens. Hier seien einige seiner schönsten Aussagen über die Sonne wiedergegeben:

„… Wenn wir unsere Aufmerksamkeit auf die Sonne – das Zentrum unseres Universums – richten, nähern wir uns unserem eigenen Zentrum, unserem höheren Ich, unserer Sonne. Wir vereinigen uns mit ihr, um nach und nach wie sie zu werden.

Aber sich auf die Sonne zu konzentrieren, bedeutet auch, all seine Gedanken, Wünsche und Energien für die Verwirklichung des höchsten Ideals einsetzen zu können. Wer daran arbeitet, die vielen ungeordneten Kräfte, von denen er hin- und hergerissen wird, zu vereinen, um sie in eine einzige lichtvolle und heilbringende Richtung zu lenken, wird zu einem so mächtigen Brennpunkt, dass er den Weltraum durchstrahlen kann. Ja, wenn der Mensch die Kräfte seiner niederen Natur beherrscht, kann er seine Segnungen auf die ganze Menschheit verteilen, und er wird wie die Sonne. Er lebt in solcher Freiheit, dass sich sein Bewusstsein auf die ganze Menschheit ausdehnt. Er schickt ihr den Überfluss des Lichts und der Liebe, die aus ihm hervorsprudeln. Es sollten sich immer mehr Menschen auf der Erde dieser Arbeit mit der Sonne widmen, denn nur die Liebe und das Licht werden den Menschen verwandeln. …

… Ich sagte es ja, der vollkommenste Yoga, den ich entdeckt habe, ist der Surya-Yoga: Er ist der Yoga der Unermesslichkeit, der Ewigkeit und der absoluten Herrlichkeit. Bei anderen Yogas lauft ihr Gefahr, viele Jahre ergebnislos zu verlieren. Bei diesem Yoga hingegen erzielt ihr, selbst wenn ihr schlaft, fühlbare Ergebnisse, denn die Sonne lässt trotzdem einige ihrer Partikel in euch eindringen. Sie

*sieht, dass ihr mit einer lobenswerten und großartigen Absicht ge-
kommen seid. Allerdings seid ihr unterwegs eingeschlafen, aber das
ist nicht schlimm. Die Sonne ist milde und barmherzig und sagt: ‚Es
ist noch ein Kind. Es schläft, schenken wir ihm trotzdem etwas, denn
sein Ziel war göttlich.‘ …"**

---

* Aïvanhov, Omraam Mikhaël: *Sonnen-Yoga. Surya-Yoga. Die Herrlichkeit von Tiphereth.* Prosveta Verlag, Kapitel 7, 8 und 14 (zitiert
  mit freundlicher Genehmigung des Verlages)

2

Wohin führt der Sonnenyoga?

Betrachten wir die traditionellen Überlieferungen des Sonnenyoga sowie die Erfahrungen vieler Menschen, die ihn zurzeit praktizieren, können wir interessante Schlüsse über seine Wirksamkeit ziehen.

Die Wirkungen des Sonnenyoga auf den Menschen lassen sich zwei Bereichen zuordnen:

1. Sonnenyoga ist eine Praxis, die den Menschen darauf vorbereitet, seine wahre Natur als das absolute Sein jenseits von Körper, subtilen Energien, Persönlichkeit und allen Veränderungen des Lebens zu realisieren. Dies wird manchmal auch als „Erleuchtung" bezeichnet, wobei dieser Begriff mit so vielen Mythen behaftet ist, dass ich ihn lieber nicht verwende.

2. Sonnenyoga ist ebenfalls wirksam, um die individuelle menschliche Verkörperung, die mit subtilen Energien, Gehirn und Nervensystem ausgestattet ist und sich in einem ständigen energetischen Austausch mit der Umwelt befindet, in einen höheren Zustand der Gesundheit und Harmonie zu bringen.

Sonnenyoga ist somit ein wirklich integraler spiritueller Ansatz. Er fördert die Anlagen im Menschen, die ihn dazu führen, seine wahre Natur jenseits von Körper und feinstofflichen Energien zu realisieren. Gleichzeitig bringt er Körper und feinstoffliche Energien in Harmonie.

28

Sonnenyoga und reines Sein

Betrachten wir zunächst Sonnenyoga als Möglichkeit, die Realisation des reinen Seins zu unterstützen. Wir alle wissen, dass wir existieren. Auf die Frage, was denn nun existiert und sich dieser Existenz an sich bewusst ist, können wir zwar alle möglichen Gedankengebäude konstruieren, aber diese können die Existenz an sich nicht erfassen. Alle Gedanken über unsere Existenz an sich beruhen bereits darauf, dass wir existieren. Sie können sich im Laufe des Lebens auch erheblich verändern, ohne dass sich der Umstand ändert, dass wir existieren.

So durchlaufen viele Menschen einen Wandel von einem materiellen zu einem spirituellen Weltbild und glauben irgendwann, sie seien eine unsterbliche Seele, ein Teil Gottes, reines Licht oder was auch immer ihnen sympathisch ist. Andere mögen vom Glauben an all diese spirituellen Gedankengebäude abkommen und den Menschen einfach aus neurologischer Sicht als komplizierteres Säugetier betrachten. Egal was unsere Gedanken auch generieren, wir existieren unabhängig von dem, was wir über unsere Existenz denken, fühlen, intuitiv zu erfassen glauben oder was uns unser Geistführer im Traum erzählt.

Einige spirituelle Traditionen weisen darauf hin, dass die pure Existenz an sich das Wesentliche ist. Spirituelle Gedankengebäude können alle möglichen erhabenen, interessanten oder beglückenden Erfahrungen nach sich ziehen, weil Bewusstsein einfach sehr suggestibel ist. Wer lange genug an eine bestimmte Form Gottes glaubt, wird diese vielleicht irgendwann in einer ekstatischen Vision sehen. Doch wir existieren mit oder ohne mystische Erfahrungen.

In den Traditionen des ursprünglichen *Zen* oder *Chan*, in den Lehren Ramana Maharshis oder der *Advaita*-Tradition, bei Parmenides sowie in den Berichten einiger christlicher Mystiker finden wir immer wieder die Anregung, zuerst das eigene Sein zu erkennen und dann zu schauen, was mit den eigenen Ideen über Gott, die Schöpfung, den Sinn des Lebens etc. geschieht. Kein spirituelles Konzept könnte irgendeine Bedeutung für uns haben, wenn wir nicht existierten. Unsere Existenz an sich kommt aber bestens ohne spirituelle Konzepte aus – sie ist eine unmittelbarere Realität als alles, womit sich Menschen im Namen von Spiritualität befassen.

Spiritualität wird oft verstanden als ein Ausweiten der menschlichen Erfahrung um die Bereiche, die in den verschiedenen Lehren als spirituell beschrieben werden. Ob man höheren Wesen begegnet, seine Lebensaufgabe findet, mystische Visionen und Ekstasen erlebt, das Karma früherer oder späterer Leben bereinigt – all dies kann Teil eines inneren Transformationswegs sein. Doch all dies führt nicht notwendigerweise zur direkten Erkenntnis des Seins, unserer Existenz an sich.

Ramana Maharshi wies darauf hin, dass die meisten spirituellen Sucher versuchen, ihre Lebenserfahrung mit spirituellen Methoden zu verbessern, ohne jemals wirklich herauszufinden, wessen Leben es eigentlich ist.

In den Lehren, die das unmittelbare Sein als das Wesentliche betrachten, wird hervorgehoben, dass unser Sein an sich immer schon vollständig und ursachenlos frei ist. Diese Freiheit und vollständige Zufriedenheit sind intrinsisch vorhanden und müssen nicht erreicht werden, sie haben keine Ursache und kein Gegenteil. Aus dem Sein an sich verleihen wir gewohnheitsmäßig das Gefühl von Realität an unser Denken, unsere Emotionen und unsere alltäglichen oder auch mystischen Erlebnisse. Doch dies geschieht willkürlich, kein Gedanke an sich trägt Realität aus sich selbst heraus. Inneres Erwachen wird daher als ein Prozess beschrieben, bei dem das Gefühl von Realität zurückkehrt zum Sein, zur Existenz an sich. Gedanken, Emotionen und Erfahrungen gehen weiter, aber die Projektion von absoluter Realität in alle Erfahrungswelten wird geringer und kommt schließlich im Sein zur Ruhe.

„Unwissenheit über unser Sein kann nicht durch religiöse Rituale, Mantras oder Anrufungen Gottes aufgehoben werden, weil diese nicht im Widerspruch zu ihr stehen. Nur die direkte Erkenntnis des Seins hebt Unwissenheit über das Sein auf."

Shankara

Spirituelle Praxis und reines Sein

Wenn wir bereits das ursachenlose, reine Sein sind, welchen Wert haben dann spirituelle Übungen? Natürlich kann das Ausüben von Praktiken uns auf den Gedanken bringen, dass wir etwas erreichen sollen, was noch nicht da ist, aber dies muss nicht notwendigerweise so sein.

Im ursprünglichen *Zen* oder *Chan* der alten chinesischen Meister wurde Meditation als eine völlig absichtslose Angelegenheit betrachtet – ein erwachter Geist kann einfach in Meditation sitzen, ohne etwas erreichen zu müssen. Dies ist aber den meisten Menschen nicht möglich, denn ihr Geist fängt dann an, alles zu bewerten, was geschieht. Somit konfrontiert die Praxis den Menschen mit den Überlagerungen des Geistes, die eine direkte Erkenntnis des Seins noch verhindern. Was wir konfrontieren, können wir aber auch loslassen, und hier hat eine Praxis, die Zeit braucht, ihren Platz, auch wenn die eigentliche Erkenntnis zeitlos und ursachenlos ist.

> *„Weil die Menschen lieber etwas Geheimnis-*
> *volles wollen, wodurch sie in ihrer Vorstellung*
> *etwas Besonderes werden, sind so viele*
> *spirituelle Lehren entstanden. Nur wenige*
> *sind bereit, die Dinge in ihrer nackten*
> *Einfachheit zu verstehen."*
> Ramana Maharshi

Zum anderen mag eine direkte Erkenntnis des Seins auch mehr oder weniger wahrscheinlich sein, je nach dem Zustand der Lebenskraft des Menschen. Lebenskraft nimmt das Gefühl von Identität aus dem Sein mit in den Körper, die Gedanken und Emotionen. Wird die Lebensenergie kultiviert, ihr Zustand verfeinert und harmonisiert, kann dieser Prozess bewusst erfahren werden. Damit kann es leichter möglich werden, dass man das Sein an sich realisiert, aus dem heraus die Lebenskraft unser Ich-Gefühl, das Gefühl zu existieren, bezieht.

Spirituelle Praxis ist also nicht notwendig, um das Sein zu erkennen. Sie ist aber sehr wertvoll, um die menschliche Natur mitsamt dem Körper, dem Gehirn, bestimmten Drüsen und der Lebenskraft in tiefere Übereinstimmung mit dem Sein zu bringen, was direkte Erkenntnis wahrscheinlicher macht.

Manchmal geschieht es, dass einem Menschen ohne jede Vorbereitung direkte Realisation des Seins wiederfährt. In solchen Fällen ist es aber auch oft schwierig für den betreffenden Menschen, sich noch im menschlichen Leben zu orientieren. Ramana

Maharshi erfuhr diese unmittelbare Realisation als Sechzehnjähriger ohne jede spirituelle Praxis. Er war so überwältigt von diesem Erleben, dass er mehrere Jahre fast ununterbrochen in Stille saß und seinen Körper und die Welt kaum noch wahrnahm. Zwar ging in seinem Fall alles gut, weil er in dieser Zeit von anderen mit Nahrung versorgt wurde und schließlich wieder zu einer sehr aktiven und engagierten Lebensweise fand. Doch in unserer westlichen Kultur ist ein solcher Weg sicher nicht wünschenswert.

Die transzendente Erkenntnis des Seins mit den Belangen des menschlichen Lebens in Einklang zu bringen ist bei den meisten Menschen mit spirituellem Interesse ein tiefes und authentisches Bedürfnis. Hier hat der Sonnenyoga einen besonders großen Wert, weil er die Energien des Körpers und des Gehirns so unvergleichlich effektiv in Einklang mit dem reinen Sein bringt.

Sonnenyoga, Rezeptivität und reines Sein

Meditative Praktiken werden oft empfohlen, damit Menschen ein klareres Gewahrsein erfahren können, denn die Erkenntnis des reinen Seins geschieht eher dann, wenn Gewahrsein nicht ständig unbewusst und reflexartig mit allem identifiziert ist, was in Psyche und Körper auftaucht.

Doch das klare Gewahrsein zu kultivieren stellt auch eine Herausforderung dar, die nicht leicht zu bewältigen ist. Sonnenyoga hat hier einen unschätzbaren Vorteil: Da wir die immense transformierende Kraft der Sonne direkt auf unser Gehirn wirken lassen, wird mit großer Wahrscheinlichkeit ein neurologischer und energetischer Zustand erreicht, der eine wache, angenehme Rezeptivität ermöglicht. Es gibt noch zu wenige wissenschaftliche Untersuchungen, die es erlauben, hierzu sichere Aussagen zu machen. Doch die subjektiven Erfahrungen, die Menschen mit Sonnenyoga machen, zeigen auf, dass dies eine Praxis ist, die sehr leicht und mühelos einen klaren Zustand ermöglicht, der mit anderen meditativen Praktiken oft nur nach sehr viel längerer Übung erreicht wird.

Sonnenyoga erlaubt auch sehr schnell, in den Zustand bewusster Rezeptivität zu kommen. Die Wirkung der Sonne ergibt sich ja einfach – wir müssen sie nur anschauen, nichts weiter. Dies wirkt der Tendenz des Geistes entgegen, in spirituellen Praktiken zu viel tun zu wollen.

Rezeptivität stellt sich in anderen Formen der Meditation oft nur nach langer Übung oder nur sporadisch ein. Viele Meditierende kennen die Überaktivität des neurotisch suchenden Geistes nur zu gut, der auch aus Meditation oder innerer Stille ein neues Projekt macht und damit alles andere als Stille fördert. Sonnenyoga wird von vielen Menschen als außergewöhnlich wirksam erlebt, um in einen klaren rezeptiven Zustand zu gelangen.

Sonnenyoga und die harmonische Verbindung von Spiritualität und Menschsein

> *„Die Welt ist unwirklich.*
> *Nur Brahman (absolutes Sein) existiert.*
> *Die Welt ist Brahman."*
> Shankara

In diesem Zitat von Shankara wird in drei kurzen Sätzen eine umfassende Sicht des spirituellen Reifens dargelegt. Es ist normal, dass in dem erwachenden Bewusstsein, sobald es die Gedankengebäude über die Welt und das Leben als begrenzt und ultimativ als unwirklich erkennt, zunächst einmal die Welt an sich etwas Unwirkliches bekommt. In vielen Traditionen wird davor gewarnt, in dieser Phase voreilige Schlüsse zu ziehen. Zahlreich sind die Anekdoten über Lehrer, die ihren Schülern nach einem Erleuchtungserlebnis den Besen in die Hand drücken, damit sie den Hof kehren, oder sie auf andere Weise ermutigen, sich nicht in der Unwirklichkeit der Welt zu verlieren. Dennoch mag diese Phase wichtig sein, weil sich in ihr der eiserne Griff der mentalen Projektionen lockert und löst. Das absolute, ursachenlose Sein mag einem dann als einzige Wirklichkeit erscheinen. Bliebe man nun hier stehen, könnte es geschehen, dass man existenziell frei von Leid und Begrenzung lebt, aber die Ebenen des menschlichen Daseins nicht von dieser Freiheit durchdrungen werden. Auf der Ebene, auf der wir Neurosen, Prägungen und Begrenzungen haben, gehen diese auch weiter, wenn wir unser Sein erkennen, das von alldem unberührt bleibt. Reife Spiritualität beginnt dann, wenn wir weder aus dem reinen Sein noch aus der menschlichen Ebene eine Art Fetisch machen und beide in immer harmonischere Koexistenz bringen. Dies drückt sich im dritten Satz Shankaras aus: „Die Welt ist Brahman." Er bedeutet, dass die Welt der ständigen Veränderung, der Bedürfnisse und Gefühle von Freude und Schmerz, all das, was wir nicht kontrollieren können, nicht vom reinen Sein getrennt ist, das in sich vollständig, unveränderlich und von ursachenloser Erfüllung und Glückseligkeit ist.

„Jeder Trottel kann spirituell erwachen.
Nur mutige Menschen können ihr erwachtes
Sein als Menschen verkörpern."
Adyashanti

Sonnenyoga kann besonders wertvolle Dienste leisten, wenn es darum geht, uns als Menschen mit Körper, Gehirn und unseren Lebensenergien in Einklang mit reinem Sein zu bringen. Die Sonne ist die wesentliche Grundlage und Kraftquelle für uns als körperliche Wesen. Sonnenlicht oder sonniges Wetter werden in den verschiedensten Kulturen und Sprachen mit gehobener Stimmung, Glück und Gesundheit assoziiert. Ein Mangel an Sonnenlicht allgemein führt zu diversen gesundheitlichen Nachteilen und Depressionen. Nehmen wir Sonnenenergie bewusst durch unsere Augen auf, lassen wir eine Urenergie des Lebens auf uns wirken, die viel stärker ist als alles, was wir Menschen je konstruiert haben. Keine technische Errungenschaft des Menschen kommt der Sonne in ihrer Leben spendenden Wirkung gleich.

Natürlich gibt es viele Arten der Meditation und der vorbereitenden Praktiken, die darauf abzielen, Gehirn und Energiezentren zu stärken. Dazu gehören Visualisationen, Mantras und andere Dinge, die wir mit unserer eigenen geistigen Energie praktizieren. Doch wie kraftvoll ist unsere individuelle geistige Energie im Vergleich zur Sonne? Die Sonne bringt Leben auf der ganzen Erde hervor und ernährt es. Unsere eigene geistige Energie hat sicher auch einen wichtigen Platz, aber wir sind als individuelle Menschen nicht eine Quelle von Lebensenergie, die der Sonne auch nur ansatzweise gleichkommen kann.

„Wenn du wissen willst, wie erleuchtet
der Meister ist, frag seine Frau."
Zen-Sprichwort

Sonnenyoga lässt uns in Liebe und Demut von der Sonne genährt sein. Die Kraft der Natur, die unser Leben hervorgebracht hat, erfüllt uns im Sonnenyoga und leitet uns in immer tiefere Harmonie mit unserem Körper, der Natur und dem Leben allgemein.

3

Die Praxis des Sonnenyoga

Die konkrete Praxis weist in den verschiedenen Sonnenyoga-Systemen einige Übereinstimmungen auf, die offensichtlich von essenzieller Bedeutung sind. Werden diese gemeinsamen Punkte beachtet, lässt sich der Sonnenyoga bereits wirksam und ungefährlich üben, ohne dass weitere Methoden erlernt werden müssen. Sonnenyoga lässt jedem Menschen alle Freiheit, seine ganz eigenen Erfahrungen zu machen. Die generellen Hinweise dienen vor allem der Sicherheit, sodass Sonnenyoga ohne unerwünschte Nebenwirkungen erlebt werden kann. Wenn die Anweisungen für die Praxis es den Menschen über Jahrtausende hinweg ermöglich haben, sich problemlos einer derart starken Energie auszusetzen, wie das durch ein direktes Schauen in die Sonne geschieht, dann sind sie offenbar sehr wertvoll und zutreffend. Bitte halten Sie sich an diese Anweisungen, damit Sie den größten Nutzen aus dem Sonnenyoga ziehen können.

Sonnenyoga üben

1. Beginnen Sie mit der Morgensonne

Bis etwa eine Stunde nach Sonnenaufgang ist die UV-Strahlung der Sonne ausgesprochen gering, sodass Sie Schäden an den Augen vermeiden, wenn Sie zu dieser Zeit in die Sonne schauen.

Gleiches gilt für die letzte Stunde vor Sonnenuntergang, jedoch ist die Energie der Sonne in dieser Zeit nicht so stark, sie nimmt ja zum Sonnenuntergang hin kontinuierlich ab. Der Sonnenuntergang kann eine sehr schöne, beruhigende Wirkung auf den Geist haben, aber die ansteigende Energie, die nach dem Sonnenaufgang herrscht, hat zusätzlich eine stärker belebende und heilende Wirkung auf den Körper. Aïvanhov war der Ansicht, dass die Energien der Sonne in den ersten zwanzig Minuten nach Sonnenaufgang am stärksten und nützlichsten für den Menschen seien. Interessanterweise wurde auch bei den Sonnenbäderkuren, die früher Tuberkulosepatienten verordnet wurden, der Schwerpunkt immer auf die erste Sonne am Morgen gelegt, weil sich so die größten therapeutischen Erfolge einstellten.

Natürlich kann man nicht an jedem Standort den Sonnenaufgang am Horizont beobachten, weil Hügel, Gebäude oder andere Hindernisse die Sicht versperren. Es ist in diesem Fall ratsam, sich über den genauen Zeitpunkt des Sonnenaufgangs zu informieren und zu Beginn des Sonnenyoga immer darauf zu achten, dass man nur in der ersten Stunde nach Sonnenaufgang in die Sonne schaut.

Wohl jeder Mensch hat schon mal in einen Sonnenaufgang oder Sonnenuntergang geschaut. Auf Ibiza besuchte ich einmal ein Restaurant, das so lag, dass es einen perfekten Blick auf den Sonnenuntergang ermöglichte. Natürlich war es zur Zeit des Sonnenuntergangs immer bis auf den letzten Platz besetzt und alle Besucher schauten in die Sonne. Auch ohne über die Zusammensetzung des Sonnenlichts zu verschiedenen Tageszeiten informiert zu sein, wissen Menschen intuitiv, dass es sehr wohl Zeiten am Tag gibt, zu denen das Schauen in die Sonne harmlos und wohltuend ist.

Bitte halten Sie sich an diese Anweisung und praktizieren Sie im ersten Jahr Sonnenyoga ausschließlich innerhalb der ersten Stunde nach Sonnenaufgang oder innerhalb der letzten Stunde vor Sonnenuntergang. Es ist irgendwann möglich, außerhalb dieser Zeiten gefahrlos in die Sonne zu schauen, aber dafür benötigt unser Gehirn und unser visuelles System eine längere Vorbereitung. Abkürzen ist hier nicht sinnvoll, denn Sonnenyoga ist sehr kraftvoll und seine Wirkungen entfalten sich ohnehin recht schnell. Geduld und Achtsamkeit sind notwendig, damit die Kraft des Sonnenyoga auch positiv wirkt und in unser System integriert werden kann.

Ich habe nach Fällen gesucht, in denen es zu Augenschäden durch Sonnenyoga kam. Die wenigen Fälle, die ich ausfindig machen konnte, traten auf, wenn jemand psychedelische Substanzen nahm und dann in die Sonne schaute. Die starken Veränderungen der Sinneswahrnehmung durch Drogen können dazu führen, dass die natürliche Schutzfunktion der Augen blockiert ist und jemand in die Mittagssonne schaut, ohne dass sich die natürlichen Warnsignale wie ein Verkrampfen der Augenpartie oder Tränenfluss bemerkbar machen. Dieser Punkt ist so wichtig, dass ich noch mehrmals auf ihn eingehen werde.

Abgesehen von der notwendigen Sicherheit für unsere Augen ist der Sonnenaufgang generell eine Zeit, zu der Praktiken, die unser Energiesystem beleben und entwickeln, besonders kraftvoll wirken. In vielen taoistischen Schulen wird empfohlen, *Qigong* oder *Taiji* bei Sonnenaufgang zu praktizieren und sich dabei der Sonne zuzuwenden. In der blumigen taoistischen Sprache heißt es, dass zu dieser Zeit der „Tau des Himmels" und die Energien der Erde besonders harmonisch und belebend sind und wir dies für unsere innere Entwicklung nutzen können. Die Forschungen von Dan Carlson haben ergeben, dass der morgendliche Gesang von Vögeln besonders belebende Frequenzen enthält, zum Beispiel 5000 Hertz und die dazugehörigen Obertöne. Diese Frequenzen aktivieren in Pflanzen die Mitochondrien und spielen offenbar eine wichtige Rolle für ihr gesundes Wachstum. Auch wenn es noch keine wissenschaftlichen Beweise dafür gibt, ist es gut möglich, dass der Morgengesang von Vögeln auch unsere menschlichen Mitochondrien aktiviert und belebt.

Natürlich muss die Praxis des Sonnenyoga auf die Lebensumstände des individuellen Menschen abgestimmt sein. Wenn es aufgrund der örtlichen oder zeitlichen Gegebenheiten nicht möglich ist, die Morgensonne zu nutzen, ist die letzte Stunde vor Sonnenuntergang eine gute Alternative. Generell wird die Abendsonne als besonders beruhigend erlebt. Eine sanfte Vitalisierung des Gehirns und der Lebensenergien findet sicher auch beim Schauen in die Abendsonne statt.

Augenschäden sind praktisch ausgeschlossen, wenn Sonnenyoga korrekt praktiziert wird. Halten Sie sich gerade in den ersten ein bis zwei Jahren der Praxis aber nicht an die vorgegebenen Zeiträume, sind Augenschäden sehr wahrscheinlich. Bitte seien Sie gut zu Ihren Augen und lernen Sie den Sonnenyoga auf ungefährliche Art und Weise kennen.

2. Schauen Sie einige Zentimeter über die Sonne

Im richtigen Blickwinkel liegt ein wesentlicher Schlüssel dafür, die Augen langsam an die Sonne zu gewöhnen. Unsere Augen werden von der Sonnenenergie gestärkt, auch wenn die Pupillen und damit die Retina nicht direkt die maximale Bündelung der Sonnenstrahlen empfangen. Der amerikanische Arzt Jakob Lieberman weist in diesem Zusammenhang darauf hin, dass die

Sklera unserer Augen (der weiße Bereich außerhalb der Pupille) die einzige Körperstelle ist, an der Blutgefäße direkt mit der Sonne in Kontakt kommen. Die roten Äderchen, die man manchmal bei entzündeten Augen verstärkt sieht, gibt es so ohne Hautbeschichtung sonst nirgendwo im Körper. Die direkte Energetisierung der Blutgefäße durch die Sonne spielt für die regenerativen Wirkungen des Sonnenyoga wahrscheinlich eine wichtige Rolle. Diesen Effekt können wir sogar verstärken, indem wir die Augen in einen höheren Winkel stellen, als wir dies beim direkten Schauen in die Sonne tun (und *nicht*, indem wir den Kopf mehr anheben). Damit vergrößern wir die Fläche der Sklera, die mit den Sonnenstrahlen in Kontakt kommt. Natürlich ist eine solche Position anfangs etwas anstrengend für die Augenmuskeln, ein Grund von mehreren, die Zeitdauer beim Sonnenyoga langsam zu steigern und bei Anspannung aufzuhören.

Der direkte Blick in die Sonne sollte erst praktiziert werden, wenn man entspannt etwa 30 Minuten lang auf diese Weise knapp über die Sonne schauen kann.

3. Steigern Sie die Dauer des Praktizierens langsam

Qualität ist das entscheidende Kriterium beim Sonnenyoga, mehr ist nicht unbedingt besser. Besonders am Anfang ist es wichtig, den Augen und dem Gehirn eine langsame Anpassung an die kraftvollen Energien der Sonne zu erlauben. Die Methode des *Sungazing* (Sonnenschauens) nach HRM hat diesbezüglich ein einfaches Schema: Beginnen Sie mit zehn Sekunden am ersten Morgen, fahren Sie dann am nächsten mit zwanzig Sekunden, am dritten mit 30 Sekunden fort. Wenn Sie sich auf diese Weise um 10 Sekunden pro Durchgang steigern, sind Sie nach neun Monaten bei 44 Minuten angelangt. Nun merkt man an diesen

Vorgaben deutlich, dass HRM aus Südindien stammt und später in Florida lebte. Ich habe in Mitteleuropa jedenfalls noch nie neun Monate am Stück erlebt, in denen eine tägliche Praxis des Sonnenyoga möglich gewesen wäre. Man kann allerdings die Steigerung um 10 Sekunden pro Durchgang auch anwenden, wenn man jeden dritten Tag praktiziert oder wenn man vier Tage praktiziert und dann drei Tage aussetzt, weil der Himmel bewölkt ist. Auf jeden Fall ist das Steigern der Übungsdauer in diesen Intervallen von zehn Sekunden beim Sonnenyoga ein absolut sicherer Weg, um Überlastungen der Augen zu vermeiden.

Wer sich nicht an diese Vorgaben halten möchte, sollte aber trotzdem das Prinzip dieser langsamen Steigerung der Zeitdauer beachten. Heldentaten sind im Sonnenyoga bei Anfängern nicht angebracht. Wenn man nicht später als eine Stunde nach Sonnenaufgang praktiziert, kann man sich innerhalb der ersten zwei Monate langsam auf 10 bis 12 Minuten steigern. Einmal täglich zu üben ist genug, ein zusätzliches Schauen in die Sonne am Abend ist nicht notwendig. Wer mit der Abendsonne praktiziert, muss ebenso wenig zusätzlich am Morgen in die Sonne schauen. Gelingt es, im Zeitraum von 2 Monaten insgesamt an 30 Tagen zu praktizieren, lässt sich die Übungsdauer unter diesen Voraussetzungen auf 10 bis 12 Minuten steigern.

Wenn man unangestrengt und stabil in der Lage ist, 10 bis 12 Minuten ohne jede Verspannung in den Augen oder den Augenmuskeln knapp über die Sonne zu schauen, kann die Zeitdauer langsam und intuitiv gesteigert werden. Das wichtigste Kriterium dabei ist ein entspanntes Gefühl in den Augen. Auf übermäßige Helligkeit, die negative Auswirkungen auf uns hat, reagiert unser System mit deutlichen Warnsignalen. Diese sollten auf keinen Fall übergangen werden. Andererseits muss man sich nicht wundern, wenn man nach 12 bis 18 Monaten praktischer Erfahrung mit Sonnenyoga problemlos 30 Minuten oder länger über die Sonne schauen kann, ohne jede Augenanstrengung zu erleben. An diesem Punkt kann man dann auch direkt in die Sonne schauen.

Eine andere Möglichkeit besteht darin, zwischen direktem Schauen und einem Blickwinkel, der knapp über der Sonne liegt, zu wechseln. Auch diese Feinheiten entwickeln sich aus der Intuition heraus. Mit einem offenen Geist und in Hingabe an das Wesen der Sonne kommen wir ganz leicht auf die für uns passenden Varianten im Sonnenyoga.

4. Achten Sie auf eine entspannte Körperhaltung

Ob wir beim Sonnenyoga sitzen oder stehen, ist weniger bedeutsam. Wichtiger ist, dass wir eine entspannte Haltung einnehmen, die eine rezeptive innere Haltung fördert. Achten Sie darauf, dass die Wirbelsäule aufrecht ist, und lehnen Sie sich nicht an. HRM empfiehlt, barfuß auf nackter Erde zu stehen, aber nicht auf Gras oder feuchtem Boden, weil dies die Sonnenergie durch die Füße aus dem Körper ausleiten würde. Sunyogi empfiehlt generell eher eine sitzende Haltung. Wesentlich ist auf jeden Fall, dass die Körperhaltung eine innere Balance zwischen Wachheit und Entspannung fördert. In manchen Formen des Sonnenyoga werden auch zeitweise die Handflächen der Sonne zugewandt, dies kann man nach eigenem Gefühl ebenfalls tun, egal ob man sitzt oder steht.

Es sollten sich beim Sonnenyoga definitiv kein Handy oder andere starke Quellen elektromagnetischer Strahlung in unmittelbarer Nähe des Körpers befinden. Die Kleidung sollte angenehm am Körper sitzen und keinerlei spürbare Einengung bewirken. Auf Kontaktlinsen ist zu verzichten. Außerdem sollten keine Kosmetikprodukte auf der Gesichtshaut aufgetragen sein, außer wenn sie aus therapeutischen Gründen notwendig sind. Hautcremes blockieren zumeist die gesundheitsfördernden Wirkungen der Sonne auf die Haut, die ein wichtiger Aspekt des Sonnenyoga sind. Manchmal kann es während des Sonnenyoga zu spontanen Bewegungsimpulsen kommen. So können beispielsweise kurze Schauer durch den Körper gehen, die ein leichtes Zittern oder Schütteln nach sich ziehen. Es mag manchmal einen Impuls geben, die Handflächen zur Sonne hin zu bewegen. Auch Fingerhaltungen, die im Yoga als Mudras bekannt sind, können sich von allein einstellen. Im Allgemeinen ist es sinnvoll, spontanen Bewegungsimpulsen nachzugeben, da diese meistens Versuche des Körpers sind, Blockaden zu lösen oder bestimmte Energiebahnen zu öffnen. Natürlich sollte man immer auf die Sicherheit achten und nur solchen Bewegungsimpulsen frei nachgeben, die nicht die Gefahr eines Unfalls mit sich bringen.

5. Meiden Sie bewusstseinsverändernde Substanzen

Diesen Punkt kann man nicht stark genug betonen. Wer halbwegs in Kontakt mit dem eigenen Körpergefühl ist, wird wahrscheinlich nicht Gefahr laufen, beim Sonnenyoga zu übertreiben. Eine Überdosis Sonnenstrahlung in unsere Augen führt einfach zu deutlich wahrnehmbaren Reaktionen des Körpers, wie Tränenfluss oder einem unwillkürlichen Zusammenkneifen der Augen. Psychoaktive Substanzen wie LSD, Zauberpilze oder THC können aber diese natürlichen Schutzmechanismen des Körpers unter Umständen ausschalten. Ich habe in meinen Recherchen von einem Fall erfahren, bei dem ein Mann unter LSD-Einfluss ohne jede Übung eine Stunde lang in die Mittagssonne schaute und dabei massive Augenschäden erlitt. Ohne Drogen wäre wohl kaum ein Mensch in der Lage, ohne jede Vorbereitung eine Stunde lang in die Mittagssonne zu schauen.

Es mag sein, dass bewusstseinsverändernde Substanzen im Rahmen einer therapeutischen Begleitung für manche Menschen eine Unterstützung für ihren inneren Wachstumsprozess sind. Im Alleingang eingenommen können sie aber nur allzu leicht illusorische Erfahrungsräume schaffen, die sich erst einmal ekstatisch und befreiend anfühlen, dann aber eher von den natürlichen Vorgängen im menschlichen Wesen ablenken, anstatt die Bewusstheit für sie zu stärken. Illusorisches Licht mag faszinieren, aber es ist nicht real. Eine innere Praxis, die zu authentischem Erwachen des Bewusstseins führt, kann nicht mit magischen Abkürzungen wirksamer gemacht werden.

Alkohol ist ebenfalls im wahrsten Sinne des Wortes mit Vorsicht zu genießen, wenn wir unser Gehirn durch eine kraftvolle Methode wie Sonnenyoga entwickeln wollen. Nun gibt es natürlich die bekannten Statistiken, denen zufolge ein maßvoller Alkoholkonsum gesünder sein soll als vollständige Abstinenz. Ich finde es immer wieder erstaunlich, dass nicht bedacht wird, wie diese statistischen Ergebnisse zustande kommen. In westlichen Ländern besteht der größte Teil der komplett abstinent lebenden Menschen entweder aus trockenen Alkoholikern oder aus Menschen, die aufgrund von Lebererkrankungen, schwerem Diabetes oder aus anderen medizinischen Gründen keinen Alkohol trinken dürfen. Wenn andererseits Menschen medizinisch gesund genug sind, um maßvoll Alkohol trinken zu können, und nie in ihrem Leben massiven Alkoholmissbrauch betrieben haben, dann ist es kein Wunder, dass sie statistisch bessere Gesundheitswerte aufweisen als aus Krankheitsgründen abstinent lebende Menschen.

Wenn wir Sonnenyoga praktizieren, geben wir unserem Gehirn Gelegenheit, in einen regenerativen Prozess einzusteigen, der die üblichen Degenerationserscheinungen umkehrt. Die medizinischen Beweise dafür, wie sie im Fall von HRM vorliegen, sind eine eindrucksvolle Bestätigung für diese Möglichkeit, die uns allen offen steht. Nehmen wir dann aber regelmäßig Alkohol zu uns, der das Gehirn wieder in einen degenerativen Prozess bringt, nutzen wir den Sonnenyoga nicht vollständig. Viele Faktoren in unserem Leben, die auf uns einwirken, können wir nur wenig oder gar nicht beeinflussen, wie den allgegenwärtigen Elektrosmog oder andere Umweltbelastungen. Mit den Dingen, die wir als Nahrung oder Getränk zu uns nehmen, ist das aber anders – niemand hat je aus Versehen ein Bier getrunken. Mit lebendiger Nahrung und einem weitgehenden Verzicht auf degenerativ wirkende Substanzen wie Alkohol können wir eine sinnvolle Grundlage für die Praxis des Sonnenyoga schaffen.

6. Verweilen Sie in einem Zustand wacher Rezeptivität

Die Kraft der Sonne hat eine immense transformierende Wirkung, wenn wir sie durch die Augen aufnehmen. Unser Gehirn hat beim Sonnenyoga und unmittelbar danach genug damit zu tun, diese Wirkung zu verarbeiten. Kombinieren wir Sonnenyoga mit aktiven Meditationstechniken, die einen veränderten Bewusstseinszustand zum Ziel haben, überfrachten wir unser Gehirn. Mantras, wörtlich formulierte Gebete, Atemtechniken etc. können alle ihren Wert haben, aber im Sonnenyoga an sich ist es ratsam, in entspannter Rezeptivität die Sonne wirken zu lassen.

Wer glaubt, der Sonne nachhelfen zu müssen, indem er das

Schauen zur Sonne mit anderen Methoden kombiniert, hat möglicherweise eine gewisse innere Unruhe in sich, die dazu verleitet, spirituelle Entwicklung sehr technisch anzugehen und den inneren Weg nach erdachten Vorgaben kontrollieren zu müssen. Die Kraft der Sonne und die Fülle der wahren Natur des Menschen sind wirklich genug, um eine wunderbare innere Entfaltung zu katalysieren. Andere Praktiken zu anderen Zeiten sind sehr sinnvoll. Wir können ja gerade in unseren Breiten nicht immer in die Sonne schauen, und so kommen uns andere Formen der Meditation und Energiearbeit sehr zugute, auch wenn wir Sonnenyoga praktizieren. Im Sonnenyoga selbst profitieren wir aber am meisten, wenn wir so rezeptiv wie möglich sind.

7. Beenden Sie das Üben mit Palmieren und einer Integrationszeit

Das Palmieren ist eine ideale Möglichkeit, das Sonnenschauen abzuschließen. Dabei werden die Handflächen kräftig aneinandergerieben, sodass Wärme entsteht. Dann werden sie auf die geschlossenen Augen gelegt. Es kann zu allen möglichen visuellen Phänomenen kommen, ebenso wie zu energetischen Nachwirkungen im Körper. Lassen sie all dies zu, ohne Wertung und ohne nach solchen Erlebnissen Ausschau zu halten. In den ersten Wochen ist es normal, dass starke visuelle Effekte beim Palmieren auftreten. Ebenso normal ist es, dass nach einiger Zeit diese Phänomene schwächer werden.

Palmieren ist in jedem Fall sinnvoll. Die Augen können in der Geborgenheit der eigenen Hände ruhen und sich entspannen. Diese Praxis des Palmierens an sich ist schon so wertvoll, dass William Bates sie zu einem integralen Bestandteil seines ganzheitlichen Augentrainings machte. Die Körpertherapie nach Wilhelm Reich ordnet dem Augensegment die im Unbewussten verborgenen Ängste zu; Sonnenyoga kann uns dabei unterstützen, diese Ängste nach und nach zu erlösen.

Sonnenyoga ist ein starker Aktivator heilender Energie. Das Palmieren zum Abschluss erlaubt es, diese heilende Energie voll und ganz wirksam werden zu lassen.

Bei allen wirkungsvollen Praktiken, die unsere Lebensenergie stimulieren, ist es sehr wichtig, einen langsamen und achtsamen Übergang zu den nächsten Aktivitäten zu finden. Sonnenyoga sensibilisiert unsere subtilen Energiekanäle und abrupte Wechsel der Aufmerksamkeit oder plötzliche Bewegungen können in diesem Zustand unangenehme Wirkungen haben. Nehmen Sie sich nach dem Palmieren 1 bis 2 Minuten Zeit für einen bewussten Übergang zu Ihren nächsten Tätigkeiten.

Sollte während des Sonnenyoga oder während des Palmierens das Telefon klingeln, lassen Sie sich bitte nicht unterbrechen. So viel Zeit für uns selbst muss manchmal sein.

Mögliche Wirkungen des Sonnenyoga

Während des Sonnenyoga entsteht oftmals das Gefühl einer tiefen Ruhe im Geist und gleichzeitig einer Vitalisierung. Wenn man knapp über die Sonne schaut, kann sie manchmal schwarz werden oder scheinbar verschwinden. Es ist auch möglich, dass das strahlende Licht der Sonne sich weit über die Form der Sonne ausdehnt. Die Atmung kann so ruhig werden, dass man nicht mehr sicher ist, ob man atmet. Energetische Bewegungen im Körper und um den Körper herum können erlebt werden.

All diese Phänomene sind Zeichen dafür, dass unser Gehirn

und unser Energiesystem die Energie der Sonne integrieren und Transformation stattfindet. Je weniger wir solche Phänomene mental bewerten oder den Erfolg unserer Praxis danach beurteilen, ob sie besonders intensiv auftreten, umso besser.

„Jetzt verstehe ich, warum die alten Ägypter das Horusauge zu einem so wichtigen Symbol gemacht haben – ich sehe es vor mir, wenn ich nach dem Sonnenyoga palmiere. Vielleicht sind viele alte Mythologien einfach Ausdruck von Vorgängen im Gehirn, die durch Sonnenyoga hervorgerufen werden."

Kevin Turner

Wenn Sie Sonnenyoga nach den oben aufgeführten Hinweisen praktizieren, ist es völlig normal, dass der Körper bestimmte Anpassungsprozesse durchläuft. Ein heller Fleck in den Augen, der nach dem Palmieren eine Zeit lang mit dem Blick wandert, ist ein typischer Effekt des Sonnenyoga, wenn Sie in der Morgensonne mit entspannten Augen praktiziert haben.

Ein leichtes Ziehen im Kopf oder das Gefühl, die Schädelknochen bewegten sich leicht, sind ebenfalls völlig normale Phänomene nach dem Sonnenyoga.

Starke Schmerzen oder anderweitig sehr unangenehme Wirkungen sollten nicht auftreten und wären mit Sicherheit ein Zeichen für ein zu langes Praktizieren. Trotz der immensen Kraft der Sonnenstrahlung wird Sonnenyoga im Allgemeinen als sehr angenehm in den unmittelbaren Auswirkungen erlebt.

Die Weisheit des Nicht-Wissens: die innere Haltung beim Sonnenyoga

„Und wie gewaltig ist dies Wissen,
das heimlich im Nicht-Wissen liegt.
Wie sehr er sich des Streits beflissen,
hat noch kein Weiser es besiegt,
weil sein Verstand sich drein nicht fügt
in jenes Wissen ohne Wissen und Gedanken
hoch über alles Wissens Schranken."
Johannes vom Kreuz

In diesen wenigen Zeilen des spanischen Mystikers Johannes vom Kreuz drückt sich die Weisheit und Schönheit eines Zustandes aus, den wir zivilisierten Menschen nur allzu gern vermeiden: die innere Klarheit darüber, nichts zu wissen. Die praktischen Hinweise für das Schauen in die Sonne sind natürlich wichtig, um Augen und Gehirn vor Überdosierungen zu schützen und den optimalen physischen Nutzen aus der Praxis zu ziehen. Ebenso wichtig ist die innere Haltung beim Sonnenyoga. Akzeptanz des Nicht-Wissens ist dabei von zentraler Bedeutung.

Welches Wissen wir auch immer in Worten ausdrücken können, es ist eine Abstraktion, ein Symbol, das vielleicht auf eine tiefe Wahrheit hindeutet, aber nicht mit dieser Wahrheit identisch ist. Unser Wissen über Wasser kann nicht unseren Durst löschen. Alle Konzepte über ein Selbst, Gott, eine spirituelle Bedeutung unseres Lebens sind im Verstand generiert. Was ist Gott ohne einen einzigen Gedanken über Gott? Was ist die Idee der Erleuchtung ohne Ideen über Erleuchtung? Sich diesem Prozess des grundlegenden Hinterfragens zu stellen ist in der Spiritualität ausgesprochen wertvoll. Wir können natürlich weltliche oder materielle Lebenskonzepte einfach durch mystische ersetzen. Doch der grundlegende Mechanismus, ein Konzept zu entwerfen, das wir dann ins Leben umsetzen wollen, bleibt davon unberührt. Es ist aber eben dieser Mechanismus, der dazu führt, dass wir das Gefühl von Realität auf Konzepte, auf Bewegungen im Verstand übertragen. Realität an sich existiert vor jedem Konzept oder nachdem wir das eine Konzept durch ein anderes ersetzt haben.

Die christlichen Mystiker wie Johannes vom Kreuz, Teresa von Ávila oder Meister Eckhart nannten diese Phase des grundlegenden Hinterfragens „die dunkle Nacht der Seele". Dieser Begriff wird oft missverstanden und als eine Art tiefe Depression aufgefasst. Doch „die dunkle Nacht der Seele" enthält die Metapher der Dunkelheit, weil man im Dunklen nicht mehr sehen kann. Der Glaube an Gott, die Identität des Gottsuchenden, alles wird erkannt als Idee, generiert in der eigenen Psyche. Von Meister Eckhart gibt es das berühmte Gebet: „Herr, befreie mich von dir, damit ich dich finden kann." Darin drückt sich der Wunsch aus, alle infantilen Konzepte von Gott, alle Projektionen der eigenen Psyche loszuwerden. Sich auf das Nicht-Wissen einzulassen ist hier ein wichtiger Schlüssel. Tatsache ist, dass wir nicht mit Sicherheit wissen können, was die ultimative Wirklichkeit ist. Wir mögen eine Affinität mit dieser oder jener spirituellen Lehre haben, aber dies mögen psychologisch gefärbte Präferenzen sein. In welchem Ausmaß solche Lehren auf die Wahrheit hinweisen und in welchem Ausmaß sie ihrerseits aus den psychologischen Präferenzen ihrer Begründer bestehen, wissen wir nicht.

„Alles Denken ist nur Meinung, nichts davon ist absolut wahr. Das Nicht-Bezweifeln von Begriffen ist eine schwere Krankheit."

Huang Po, chinesischer Zen-Meister

Nicht-Wissen ist nicht gleichzusetzen mit einer pauschalen Ablehnung aller spirituellen Konzepte. Lehnte man all dies ab, hätte man sich einfach nur auf ein neues Schein-Wissen eingelassen, so wie der überzeugte Atheist sich sicher ist, dass es keine spirituelle Realität gibt. Es ist natürlich für unsere Psyche einfacher, für oder gegen etwas zu sein, da ist immer noch ein Halt in Konzepten zu finden. Keinen Halt mehr in Konzepten zu suchen, oder zumindest zu erkennen, dass man es tut, ist herausfordernd, aber es schafft auch Bewusstheit für direkte Realisation jenseits von Wissen.

Sonnenyoga hat den großen Vorteil, eine so kraftvolle Methode zu sein, dass die Lehrer des Sonnenyoga tendenziell das tiefe Vertrauen haben, jeder Mensch könne mit diesem Weg seine eigene Verwirklichung existenzieller Realität finden. Daher gibt es wenige Vorgaben oder Konzepte über Erleuchtung und Spiritualität, die man nachher wieder loswerden müsste. Sonnenyoga bringt unser Gehirn in einen so ressourcenreichen Zustand, dass der Zugang zu unmittelbarer Erkenntnis leichter wird. Nicht-Wissen ist ein fruchtbarer Boden, auf dem solche Erkenntnis gedeihen kann.

Sonnenyoga im mitteleuropäischen Klima

Es ist wohl nicht verwunderlich, dass die Ursprünge des Sonnenyoga in Indien liegen und die Sonne als Quelle heilender Kräfte auch in Ägypten, Griechenland und anderen sonnigen Ländern entdeckt wurde. Natürlich stellt sich die Frage, wie wir Mitteleuropäer mit unserem Klima vom Sonnenyoga profitieren können, da eine regelmäßige Praxis zu manchen Jahreszeiten nicht möglich ist.

Ich selbst begann vor vielen Jahren mit dem Sonnenyoga während eines Aufenthalts in Indien. Nach meiner Rückkehr nach Deutschland gab ich das Sonnenschauen zunächst wieder auf, weil ich mir angesichts der wechselnden Wetterverhältnisse nicht viel davon versprach. Damals hatte ich noch etwas eingeengte Vorstellungen davon, wie eine spirituelle Praxis auszusehen hat.

Später fing ich wieder mit dem Sonnenyoga an, mit all den Unterbrechungen, die das deutsche Klima eben mit sich bringt. Ich erlebte dann, dass sich die Wirkungen des Sonnenyoga auch akkumulieren, wenn es immer wieder und während der kälteren Jahreszeiten auch längere Unterbrechungen in der Praxis gibt. Sonnenyoga ist so effektiv, dass auch eine Praxis von durchschnittlich ein- bis zweimal pro Woche über das Jahr verteilt lohnenswert ist. Wenn es im Herbst und Winter einige Monate gibt, in denen selten praktiziert werden kann, gehen die Wirkungen einer häufigeren Praxis im Sommer nicht verloren. Häufigeres Praktizieren ist natürlich wünschenswert und hat einen größeren Effekt. Wer ein fortgeschrittenes Stadium im Sonnenyoga erreicht hat, kann auch in die Mittagssonne schauen und erhält so mehr Flexibilität, die häufigeres Praktizieren ermöglicht.

Ansonsten sind ergänzende Praktiken natürlich sinnvoll. Hier gibt es keine festen Regeln, die individuellen Bedürfnisse sollten maßgebend dafür sein, welche Praktiken zusätzlich gewählt und wie oft sie geübt werden.

Natürlich kann es sich auch lohnen, mal einen Sonnenurlaub

zu machen, der die Möglichkeit bietet, morgens Sonnenyoga durchzuführen. Ein sonniger Urlaubsort, der freie Sicht gen Osten hat, kann in den dunklen Wintermonaten eine willkommene Gelegenheit sein, neue Sonnenenergie zu tanken.

Ergänzungen zum Sonnenyoga

Wenn ich andere Menschen mit Sonnenyoga bekannt mache, gibt es zwei Arten von Fragen, die am häufigsten gestellt werden. Zuerst kommt natürlich die Frage nach möglichen Augenschäden, die wir im nächsten Kapitel behandeln werden. Dann kommen fast immer Fragen danach, womit man Sonnenyoga am besten kombinieren sollte. Manchmal steht dahinter die Unruhe des spirituell suchenden Geistes, der grundsätzlich davon ausgeht, dass der spirituelle Weg etwas ist, das er kontrollieren und richtig machen muss. In dieser Art der Motivation steckt zumeist eine unbewusste Vermutung des Mangels, eine Überzeugung wie: „Ich bin nicht richtig, so wie ich bin, und brauche alle möglichen spirituellen Tricks, um richtig zu werden." Doch genau dieses Mangelempfinden behindert die spirituelle Entfaltung, wenn man es immer weiter bedient, indem man es ausagiert.

Sonnenyoga ist ausgesprochen kraftvoll, und alles, was wir in der spirituellen Entfaltung in uns finden, ist bereits vollständig da. Ergänzungen zum Sonnenyoga können natürlich sehr sinnvoll sein, wirken aber vor allem dann bereichernd, wenn wir sie hauptsächlich aus Freude und Abenteuerlust angehen. Die unschuldige Neugierde eines kleinen Kindes ist eine wunderbare innere Haltung für Sonnenyoga und für weitere Praktiken, deren Wirkung wir erforschen können, ohne in die Geisteshaltung der unruhigen Suche zu verfallen. Sonnenyoga hat traditionell immer den Menschen bestärkt, die eigene Göttlichkeit und Vollkommenheit als gegeben anzunehmen und sie einfach in unschuldiger Weise zu entdecken. Wenn wir uns für weitere Praktiken interessieren und sie mit Sonnenyoga kombinieren wollen, sollten diese auch von einer solchen unschuldigen und entspannten Haltung durchdrungen sein.

Die eigentliche Praxis des Sonnenyoga sollte nicht mit anderen Praktiken kombiniert werden. Die Ausnahme sind Praktiken, die von erfahrenen Lehrern des Sonnenyoga spezifisch zu diesem Zweck gelehrt werden.

Wie bereits erwähnt, ist es nicht ratsam, beim Schauen in die Sonne irgendwelche Techniken zu praktizieren, die nicht direkt etwas mit Sonnenyoga zu tun haben. Sunyogi und einige andere Lehrer vermitteln gewisse Techniken, wie zum Beispiel verschiedene Winkel des Schauens und Körperhaltungen, die helfen, die Energie der Sonne auf bestimmte Weise aufzunehmen. Dies beruht aber auf langer Erfahrung mit dem Sonnenyoga. Wenig sinnvoll ist die Kombination von Sonnenyoga mit Techniken, die für sich selbst stehen und nicht im Zusammenhang mit Sonnenyoga entstanden sind. *Vipassana*, Energieübungen, Gebete, Atemtechniken, *Qigong* etc. sind alle wunderbar, sollten aber separat vom Sonnenyoga praktiziert werden. Natürlich können wir alle möglichen Übungen machen und danach, davor oder am nächsten Tag in die Sonne schauen. Es geht hier erst einmal um die Praxis des Sonnenyoga an sich. Die Sonne entfaltet ihre größte Wirkung in uns, wenn wir sie in wacher Rezeptivität aufnehmen. Die Wachheit des Geistes wird dabei von der immens aktivierenden Kraft der Sonne bewirkt, sodass wir kaum meditative Strategien brauchen, um nicht ins Dösen zu verfallen. Dies ist eine der freudvollen Entdeckungen von Menschen, die sich mit anderen Methoden der stillen Meditation schwertun: Im Sonnen-yoga fällt es ihnen erstaunlich leicht, einfach da zu sein und nichts zu tun. Offenbar erleben Menschen im Sonnenyoga manche Effekte von Meditation, die bei anderen Methoden erst nach längerer Übung einsetzen, bereits zu Beginn ihrer Praxis.

Natürlich mögen erfahrene Lehrer des Sonnenyoga auch unterrichten, wie das Schauen in die Sonne mit spezifischen, auf Sonnenyoga abgestimmten Methoden kombiniert wird. Solche Kombinationen sollten aber nur bei erfahrenen Lehrern erlernt werden und sind zusätzliche und fortgeschrittene Möglichkeiten, aber nicht essenziell für die Nutzung der Kraft der Sonne.

Rezeptives Sehen

An dieser Stelle möchte ich einige Anregungen geben, wie sich ein rezeptives Sehen kultivieren lässt. Diese Übungen und Experimente sind keineswegs eine Voraussetzung für den Sonnenyoga. Wer mit dieser Art des Sehens anfangs noch nicht zurechtkommt, muss nicht die Praxis des Sonnenyoga verschieben. Doch wenn es gelingt, sich allgemein in ein rezeptiveres Sehen hinein zu entspannen, kann dies den Sonnenyoga wirklich bereichern.

Gewöhnlich ist in der modernen Welt die Energie des Schauens durch die Augen stark nach außen gerichtet. Dies vermittelt uns subjektiv den Eindruck, wir sähen die Dinge, die wir sehen, vor uns, in der vom Gehirn projizierten Entfernung. Doch bereits der elementarste Physikunterricht in der Schule zeigt auf, dass wir visuelle Bilder in unserem Gehirn erzeugen, wenn Lichtstrahlen von außen durch unsere Augen auf unsere Retina fallen. Wir sehen Bilder in unserem Gehirn.

Schauen Sie auf eine grüne Pflanze, so wird der grüne Anteil des farblosen Lichts von der Pflanze reflektiert. Alle anderen Anteile des Farbspektrums werden von der Pflanze absorbiert, sie verschwinden im Grunde in der Pflanze. Man könnte durchaus sagen, die Pflanze hat in sich alle Farben außer Grün, weshalb wir sie als Grün wahrnehmen – die Wellenlänge, die wir als Grün wahrnehmen, wird von der Pflanze reflektiert und landet in unserem Gehirn.

Wenn Sie jetzt dieses Buch anschauen, machen Sie sich einfach bewusst, dass Sie es tatsächlich hinter Ihren Augen sehen. Dies erfordert keinerlei Imagination, nur ein Sich-Einlassen auf die Wirklichkeit, wie sie ist, denn Sie sehen alles hinter Ihren Augen innerhalb Ihres Gehirns. Wenn wir uns bewusst auf diese simple Tatsache einlassen, kann sich in unserem Sehen einiges verändern. Experimentieren Sie mit dieser Wahrnehmung und schauen Sie, was geschieht, wenn Sie zunächst einzelne Gegenstände anschauen und sich dabei bewusst machen, dass dieses Bild hinter Ihren Augen entsteht. Wenn Sie das Gefühl haben, dass sich dadurch etwas verändert, schauen Sie auch mal mit offenem Blick in die Gegend und lassen Sie sich wiederum bewusst darauf ein, dass Sie alles hinter Ihren Augen sehen.

Wenn Sie sich in diese Art der Wahrnehmung hinein entspannen können, werden Sie feststellen, dass Ihr Blick eine weiche, rezeptive Qualität bekommt. Es können sich auch Gefühle von Anstrengung in den Augen lösen. Die Schönheit und die besonderen Qualitäten der Dinge, die Sie anschauen, fühlen Sie möglicherweise intensiver. Vielleicht wird Ihnen diese Wahrnehmung nach einiger Zeit zu intensiv, was kein Problem ist, denn zur gewohnten Art des Sehens finden wir jederzeit zurück. Auf jeden Fall kann es sehr lohnenswert sein, rezeptives Sehen zu kultivieren. Wenn Sie einen Zugang dazu finden, integrieren Sie dies in die Praxis des Sonnenyoga.

Schauen sie zur Sonne, anfangs einige Zentimeter über sie hinweg und mit der entsprechenden Erfahrung auch direkt in die Sonne. Machen Sie sich dann einfach bewusst, dass Sie die Sonne in Ihrem Gehirn sehen, hinter Ihren Augen. Diese rezeptive Wahrnehmung kann die Wirkung des Sonnenyoga noch weiter vertiefen.

Wenn wir mal nicht in die Sonne schauen

Bei aller Vorsicht vor einem Zuviel an Übungen oder Techniken lohnt es sich natürlich dennoch, Sonnenyoga mit anderen Methoden zu kombinieren. Allein schon die Tatsache, dass wir Mitteleuropäer nicht die klimatischen Voraussetzungen haben, den Sonnenyoga jeden Tag im Jahr zu üben, führt zu der Frage: Was ist zusätzlich sinnvoll?

Sonnenyoga ist ein Weg der inneren Entfaltung, dem ein tiefes Vertrauen in die menschliche Natur und die transformierende Kraft der Sonnenenergie zugrunde liegt. Während viele Yoga-Wege die Rolle eines Gurus und das Befolgen zahlreicher Regeln in der Lebensführung betonen, besteht im Sonnenyoga das Vertrauen, dass jeder Mensch alles in sich trägt, was zur spirituellen Entfaltung notwendig ist. Im Sonnenyoga bin ich nie auf Warnungen gestoßen, Menschen könnten vom Weg abkommen, in Unwissenheit versinken, als niedere Wesen wiedergeboren werden oder andere Unannehmlichkeiten erleben, wenn sie sich nicht einer bestimmten Autorität unterordneten. Generell macht es aus meiner Sicht daher Sinn, Sonnenyoga mit anderen spirituellen Praktiken zu verbinden, die dieses Vertrauen des Menschen in sich selbst ebenfalls fördern und niemals suggerieren, man solle auf dem spirituellen Weg einem anderen Menschen Macht über sich selbst geben. Die wirklich weisen Lehrer und Lehrerinnen, die ich in meinem Leben getroffen habe, zeichnen sich dadurch aus, dass sie keine Lehrer/-innen sein wollen. Wenn Menschen ihnen mit zu großer Ehrfrucht begegnen, bestärken sie die Kraft und Größe dieser Menschen und lassen es nicht zu, selbst überhöht werden. Die Methoden, die solche Lehrer/-innen lehren oder selbst entwickeln, sind dann auch von dieser bestärkenden Haltung durchdrungen. Es ist ja in der Psychologie längst bekannt, dass unsere unbewussten Motivationen einen viel tieferen Einfluss auf unser Leben haben als unsere bewussten Gedanken. In einem spirituellen System gibt es neben der für den Verstand erfassbaren Lehre auch die tiefere innere Haltung zum Leben der früheren Generationen, die diese Lehre befolgt haben. Hier ist es sinnvoll, Systeme auszuwählen, die niemals uns als Menschen fehlerhaft darstellen, uns klein machen oder suggerieren, der spirituelle Weg sei besonders schwierig. Ein Sprichwort besagt: „Religionen helfen uns, Probleme zu lösen, die wir ohne sie gar nicht hätten." Wenn ein spirituelles System innere Freiheit und ein harmonisches, glückliches Leben zum Ziel hat, sollte es uns nicht in unserem Gefühl unfreier machen, mit dem Versprechen, dass uns irgendwann später die Freiheit als Belohnung winkt. Integere spirituelle Systeme bestärken und befreien uns von Anfang an. Auf dieser Basis ist es dann sehr sinnvoll und fruchtbar, die Disziplin aufzubringen, sich einer Praxis wirklich zu widmen und sich den Herausforderungen, die dabei auftreten, auch zu stellen.

Jing, die essenzielle Lebensenergie, und ihre Kultivierung

In der taoistischen Tradition und der Traditionellen Chinesischen Medizin (TCM) wird von drei Juwelen gesprochen, *Jing*,

Qi (ausgesprochen wie Chi) und *Shen*. Das bekannteste Wort dieser Triade ist „Qi", die Lebensenergie, die durch unsere Meridiane fließt und in vielen Heilmethoden wie zum Beispiel der Akupunktur nutzbar gemacht wird. Shen ist feinere, geistige Energie und ermöglicht dem Menschen Zugang zu kollektiven Bewusstseinsfeldern, Intuition und spiritueller Erkenntnis. Jing hingegen wird oft etwas stiefmütterlich behandelt, dabei ist es die Essenz, aus der Qi und Shen erst entstehen können. Jing stellt eine Art Rohmasse von Lebensenergie dar, ein Vorrat, aus dem Qi entsteht. Qi kann dann wiederum in Shen umgewandelt werden. Während zahlreiche Systeme der Energieheilung, *Qigong*, Yoga, Atemübungen und geistige Übungen auf den Ebenen von Qi und Shen wertvolle Dienste leisten, wird sehr selten eine Methode angeboten, mit der Jing vermehrt und kultiviert werden kann.

Einige wenige Übungssysteme kultivieren Jing auf aktive Weise. Dazu zählen die *Yang Mian*-Kampfkunst, die in Deutschland von Rami Al-Kass unterrichtet wird, sowie einige wenige Formen des Schlangen-*Bagua* und des von Gary Clyman unterrichteten Tempel-*Taiji*. In diesen Systemen habe ich ähnliche Grundübungen gefunden, mit denen erstaunliche Verbesserungen der eigenen Lebensenergie erzielt werden können.

Jing, Qi und Shen entsprechen den drei Ebenen von Skalarwellen, die in der Biophysik als wesentlich für die Regulation lebender Systeme angesehen werden. Jing, die dichteste Form von Lebensenergie, entspricht den Plasmawellen. Qi korreliert mit Biophotonen, die in der Forschung von Professor Fritz-Albert Popp als wesentliches organisierendes Element des Stoffwechsels lebender Zellen identifiziert wurden. Shen entspricht den Neutrinos, die von Professor Konstantin Meyl in ihrer umfassenderen

Bedeutung erkannt wurden. Durch die Kultivierung von Jing/Plasmaenergie schaffen wir eine gesunde, kraftvolle Grundlage für eine ausgeglichene Entwicklung unserer Lebensenergie. Es kann durchaus geschehen, dass gute Energieübungen zu einer einseitigen Entwicklung einer Ebene von Lebensenergie führen. Durch Jing-Kultivierung erschaffen wir eine Grundlage, aus der heraus Qi und Shen nach Bedarf in unserem Körper erzeugt werden können. Sonnenyoga stimuliert besonders die höheren Energiezentren im Gehirn und die damit korrelierende Shen-Energie. Eine gute Jing- und Qi-Basis kann hier ausgesprochen unterstützend sein. Um diese ausgewogene Entwicklung von Lebensenergie zu erlernen, biete ich eine intensive Ausbildung an, in der die Methoden zur Kultivierung von Jing, Qi und Shen so vermittelt werden, dass sie aufeinander abgestimmt sind. (Details zur Ausbildung, siehe Anhang unter *www.befreite-ernaehrung.de*)

Das *Kunlun System*® nach Max Christensen

Das *Kunlun System* ist eines der besten Systeme zur inneren Entwicklung. Es ist nach den Kunlun-Bergen benannt und wurde von Max Christensen in die heutige Form gebracht. Das *Kunlun System* passt besonders gut zum Geist und zur Wirkung des Sonnenyoga und ist auch für sich selbst außergewöhnlich tief in seinen Wirkungen. Max Christensen begann bereits im Alter von sechs Jahren, verschiedene taoistische Methoden der Energiekultivierung und Meditation intensiv zu praktizieren. Er meisterte zahlreiche Stile des *Qigong, Kung-Fu* und *Taiji* und die weniger bekannten esoterischen *Neigong*-Methoden. Später beschäftigte er sich mit Tibet und verschiedenen anderen Kulturen und entdeckte, dass die Wurzel aller Praktiken zur Transformation immer dieselbe war, die er im Taoismus gefunden hatte. Doch oftmals waren diese kraftvollsten Praktiken oder Wurzelpraktiken nur sehr wenigen Menschen zugänglich. In Tibet erlebte Max selbst, wie eine essenzielle Methode zur inneren Befreiung von den meisten Mönchen ferngehalten wurde, mit der Begründung, man brauche eben viele Mönche, die demütig dem System dienten und sich nicht zu früh zu frei fühlten. Solche Erlebnisse weckten in Max den Wunsch, die bislang geheimen Methoden der inneren Befreiung gewöhnlichen Menschen zugänglich zu machen. So destillierte er die wichtigsten Wurzelpraktiken, die er kannte, zu einem System, das auch Menschen praktizieren können, die ein normales Leben in der Welt mit Beruf und Familie führen. Traditionell waren die Anforderungen für eine Unterweisung in den Wurzelpraktiken derart fordernd, dass nur sehr wenige Menschen in diese Geheimnisse eingeweiht wurden.

Das *Kunlun System* ist eine geniale Methode, die ihre umfassenden Wirkungen auf der Basis von Loslassen und Hingabe entfaltet. Seine Wirksamkeit erstreckt sich von der Lösung körperlicher und energetischer Blockaden über verbesserte Drüsenfunktionen zu guter Erdung, innerer Ausgeglichenheit, Fröhlichkeit und Demut bis hin zu tiefen Ebenen des Erwachens in die Bereiche jenseits aller Beschreibungen.

„Das Erwecken der magnetischen Lebensenergie
im Menschen gleicht Defizite und Überschüsse
der verschiedenen Formen von Energie aus. Die
grundlegende Energie des Menschen wird in den
Bereich der Überlichtgeschwindigkeit erhoben
und kann sich dann mit der Quelle, dem Tao,
rückverbinden."
Max Christensen

Max Christensen beschreibt die spezifische Energie, die durch das *Kunlun System* im Menschen zum Leben erweckt wird, als magnetisch. Abgesehen davon, dass es tatsächlich zu unterhaltsamen magnetischen Phänomenen durch die Kunlun-Übungen kommen kann, hat diese Bezeichnung noch eine andere Bedeutung. Viele Energieübungen aktivieren elektrische Lebensenergien im Menschen. Sinnvoll eingesetzte elektrische Energie kann den Menschen heilen, ein Stromschlag kann aber auch das System überfordern und schädigen. Geräte der Galvanotherapie setzen elektrische Energie heilend ein, in die Steckdose zu fassen ist aber alles andere als heilsam. Selbst der stärkste Magnet der Welt würde jedoch einen Menschen niemals töten. Wird magnetische Energie im Körper aktiviert, hat sie bei all ihrer immensen Kraft auch eine große Sanftheit.

Das *Kunlun System* wird daher auch als ein „Wasserweg" bezeichnet, was bedeutet, dass Energien sich hier in Hingabe und Loslassen entfalten. Wir können dadurch eine sehr eindrückliche Erfahrung von Kraft und Sanftheit in Ausgewogenheit machen. Dies kann für unsere Gesellschaft, die das männliche Kraftprinzip so lange übermäßig betont hat, sehr hilfreich sein. Traditionell gab es viele Frauen, die Meisterschaft in den taoistischen Wurzelpraktiken erlangten. Die weibliche Seite des Menschen, die Rezeptivität und das Loslassen, werden im *Kunlun System* besonders gefördert. Uns Männern tut es natürlich auch sehr gut, diese Qualitäten zu entwickeln, selbst wenn wir uns vielleicht am Anfang etwas schwerer damit tun als Frauen. Das *Kunlun System* meistern wir nicht durch innere Kontrolle oder indem wir etwas können und dann immer besser darin werden – es ist ein Weg des Loslassens und der Hingabe an die Mysterien des Tao, die uns in ihrer ganz eigenen Weisheit leiten.

Barfuß und rückwärts gehen

Wesensverwandt mit dem Sonnenyoga und sehr unterstützend für dessen Praxis, ist natürlich die Nutzung der Naturkräfte allgemein. Barfußgehen ist ja im *Sungazing* nach HRM eine essenzielle Ergänzung. Gehen auf nackter Erde verbindet uns mit dem Elektronenüberschuss, den die Erde immer aufweist. Alle Arten von Schmerz und Entzündung im Körper gehen auch immer mit einem lokalen Elektronenmangel einher. So oft wie möglich barfuß auf nackter Erde zu gehen, ist an sich schon eine der besten Ergänzungen zum Sonnenyoga.

Wenn man schon barfuß geht und damit riskiert, fragende Blicke auf sich zu ziehen, kann man ja auch gleich noch etwas hinzufügen: Rückwärts zu gehen ist eines der am besten gehüteten Geheimnisse im Bereich der gesundheitsfördernden und spirituellen Methoden. Es sieht vielleicht etwas seltsam aus, wenn wir in Wald und Flur rückwärts unterwegs sind, aber spirituelle Praktiken sind eben nichts für Menschen, die einfach nur normal sein wollen.

Rückwärts zu gehen führt zunächst einmal dazu, dass wir den Fuß über den Ballen nach hinten abrollen, was eine sanfte Integration des Körpergewichts in den Boden erlaubt. Gehen Sie mal dreißig schnelle Schritte auf Asphalt und halten Sie sich dabei die Ohren mit den Fingern zu – Sie werden bemerken, dass der gewöhnliche Fersengang mit Schuhen eine ordentliche Erschütterung des Schädels bei jedem Schritt mit sich bringt. Dann laufen Sie einmal dreißig Schritte rückwärts, wieder auf Asphalt und mit zugehaltenen Ohren, und Sie werden feststellen, dass die Erschütterung ausbleibt.

Setzen wir mit dem Fußballen auf, so aktiviert dies die Fußreflexzonen des Herzens. Der von Peter Greb gelehrte Ballengang wird daher auch als „das Gehen mit dem Herzen" bezeichnet. Die ausgesprochen sanfte Bewegung des Rückwärtsgehens ist für die Gelenke und den Bewegungsapparat eine Wohltat. Darüber hinaus entwickeln wir eine viel klarere Wahrnehmung unserer Körperrückseite, die in vielen Lehren als körperliche Entsprechung des Unbewussten gedeutet wird. Ein freierer Fluss von Energie und Aufmerksamkeit zwischen Bewusstsein und Unbewusstem ist für jede Form der inneren Entwicklung wünschenswert. Rückwärts zu gehen kann hierbei eine einfache, wirksame Hilfe sein.

Ich habe in der Praxis immer wieder erlebt, dass rückwärts zu gehen sehr unterstützend für eine allgemein bessere Gesundheit, effektiveres Lernen, emotionale Heilungsprozesse und die Fähigkeit zur Vergebung und Selbstakzeptanz sein kann. Ein akuter Asthmaanfall kann manchmal durch längeres Rückwärtsgehen beruhigt werden, ebenso manche Arten des emotionalen Aufruhrs. Ein ganzes taoistisches Verjüngungssystem, das *Dao Zhu*, beruht auf dem Rückwärtsgehen als Basistechnik.

Natürlich birgt das Rückwärtsgehen ein gewisses Risiko, zu stürzen oder mit einem Hindernis zu kollidieren – also bitte mit Vorsicht praktizieren! Die Konfrontation mit unserer Fallangst und der leichten Unsicherheit, die daraus entsteht, dass wir gehen, ohne bei jedem Schritt genau zu sehen, wohin wir treten, kann allerdings auch sehr heilsam für die Psyche sein.

Beim Rückwärtsgehen ist neben der Wahl des geeigneten Geländes auch darauf zu achten, dass die Pendelbewegung der Arme gegenläufig zur Beinbewegung ausgeführt wird. Aufgrund der leichten Unsicherheit gehen manche Menschen rückwärts anfangs im Passgang, bewegen also gleichzeitig das linke Bein und den linken Arm oder das rechte Bein und den rechten Arm nach hinten. Achten Sie darauf, dass Sie bei einem Schritt nach hinten den Arm der anderen Körperseite nach hinten pendeln lassen, also rechtes Bein, linker Arm und umgekehrt. Alles klar?

Wenn Sie das Rückwärtsgehen erproben möchten, tun Sie das mit einem spielerischen Geist. Wenn es Ihnen zu auffällig und peinlich ist, in der Öffentlichkeit rückwärts zu gehen, müssen Sie es natürlich nicht machen. Die Ergänzungen zum Sonnenyoga sind allgemeine Empfehlungen – Möglichkeiten, die wir dann angehen sollten, wenn sie uns innerlich ansprechen. Es ist dabei wichtig, aus spirituellen Praktiken kein Pflichtprogramm zu machen. Freude am Erforschen, Neugierde und Unschuld sind eine gute Basis für all diese interessanten Dinge. Hören Sie dabei immer vorrangig auf Ihre eigene innere Stimme und Ihre Herzensweisheit und wählen Sie dann die Praktiken, die zu Ihrem Leben passen.

4

Das wahre Wesen der Sonne

Wer Sonnenyoga praktiziert, macht im Laufe der Zeit sehr wahrscheinlich eindrückliche Erfahrungen mit der Sonne als lebendigem Wesen. Manche dieser Erfahrungen sind nicht mit den gängigen wissenschaftlichen Vorstellungen von der Sonne in Einklang zu bringen. Hier kann neben einem sinnvollen rationalen Denken auch wieder eine Verzauberung der Welt durch Mystik geschehen, die in dem einseitigen Materialismus der akademischen Wissenschaft verloren ging. Wo die richtige Balance liegt, ist natürlich eine ganz individuelle Frage, die sich jeder Mensch selbst beantworten muss. Ich möchte einfach dazu anregen, das Wesen der Sonne nicht allein durch scheinbar solide wissenschaftliche Ideen festzulegen. Schließlich kommt es in der Naturwissenschaft immer wieder zu dramatischen paradigmatischen Änderungen, wenn lange als sicher geltende Erkenntnisse ins Wanken geraten.

Zunächst ein paar Punkte, die nicht umstritten sind: Der Abstand der Erde von der Sonne beträgt, je nach ihrer Position auf der Umlaufbahn, zwischen 147 und 152 Millionen Kilometern. Die Energie der Sonne, die auf die Erde trifft, schwankt demnach auch, und zwar zwischen 1325 und 1420 Watt pro Quadratmeter. Als Durchschnittswert gilt die Solarkonstante von 1367 Watt pro Quadratmeter.

Doch was ist die Natur dieser Energie? Sie ist ganz offensichtlich nicht an sich Wärme und Licht. Wärme existiert nur als Bewegung von Teilchen, und da das Weltall fast ein reines Vakuum ist, gibt es dort keine Teilchen, die von Sonnenenergie in Bewegung versetzt werden könnten. Verlassen wir die Erdatmosphäre an einem heißen Sommertag in Richtung Sonne, wird es immer kälter, denn in dünneren Luftschichten gibt es weniger Moleküle, die in Bewegung gebracht werden können. Nicht die Sonnenstrahlung an sich ist warm, ihre Auswirkung auf Materie erzeugt Wärme. Ebenso verhält es sich mit dem Sonnenlicht. Die gleißend helle Sonne und die erhellte Erdatmosphäre verschwinden für den Raumfahrer, der sich von der Erde weg ins Weltall bewegt. Hierzu gibt es ein Experiment, das man mit wenig Aufwand nachvollziehen kann: Wenn Sie in einem völlig abgedunkelten Raum eine der alten Glühbirnen anstellen, dann wird der Raum erhellt und die Glühbirne wirkt gleißend hell. Würden Sie nun aber vorsichtig das Glas der Glühbirne zerschlagen, ohne den Glühdraht zu verletzen, würde nur ein schwaches Schimmern des Glühdrahts übrig bleiben. Auf den Glühdraht zu schauen hätte nun eine völlig andere Wirkung, als in die viel heller wirkende Glühbirne zu schauen. Was gleich bleibt, ist jedoch die Quelle der Energie, die mit intaktem Glas ein sehr helles Licht und ohne das Glas nur noch ein schwaches Schimmern erzeugt.

Die Parallele zur Sonne besteht darin, dass wir im Innern einer Glühbirne ein Vakuum haben. Ebenso ist das Weltall praktisch ein Vakuum. In beiden Fällen wird intensives Licht erst erzeugt, wenn die Energie aus der Quelle zuerst ein Vakuum durchläuft und danach auf Luft trifft. Eine Glühbirne wirkt strahlend hell, weil die Energie des Glühdrahts zunächst durch das Vakuum im Innern der Birne geht und dann auf Luft trifft. Die Sonne wirkt strahlend hell, weil ihre Energie zunächst das Vakuum des Weltalls durchquert und dann auf unsere Atmosphäre trifft. Die Sonne an sich ist nicht strahlend hell. Vielleicht ist sie auch nicht an sich warm.

Die Theorie der kalten Sonne*

Die Theorie einer kalten Sonne wurde immer wieder von Menschen formuliert, die sich nicht scheuten, den allgemeinen Konsens zu diesem Thema infrage zu stellen. Einer von ihnen war der Astronom Dr. Eloy Ortega, der immerhin sechzig Jahre auf diesem Gebiet forschte und 1947 seine Theorie der kalten Sonne veröffentlichte. Ortega griff auch einige Gedanken des Astronomen Wilhelm Herschel auf, der bereits 1801 davon sprach, die Sonne könne kalt sein. Viktor Schauberger, dessen Erkenntnisse über lebendiges Wasser in den vergangenen zwanzig Jahren viel Aufmerksamkeit und Bestätigung erfuhren, kritisierte die Ansicht, die Sonne sei heiß, und vertrat eine Sicht, die der von Ortega ähnelte.

„Und über allem steht seit Anbeginn die Sonne und sieht mit eisigem Schweigen dem wahnsinnigen Tun und Treiben der Menschen zu, die da meinen – und könnte es bei ihrer unmittelbaren Einstellung denn auch anders sein –, sie sei ein Glutball."
Viktor Schauberger

---

* Eine sehr gute und ausführliche Beschreibung der Theorie der kalten Sonne findet sich in dem Buch *Das Geheimnis unserer eiskalten Sonne* von Matthias Härtel, Freier Falke Verlag 2006.

Heiße und kalte Fusion – zwei Theorien über die Sonne

Die heiße Fusion ist ein Vorgang, bei dem durch den Einfluss sehr hoher Temperaturen Atome miteinander verschmelzen. Die kalte Fusion ist der gleiche Vorgang bei geringen Temperaturen. Lange Zeit galt die kalte Fusion im wissenschaftlichen Establishment als unmöglich, als Spinnerei einiger Idealisten, die davon träumten, dass sich die Energieprobleme der Menschen dadurch lösen ließen. Sollte es gelingen, die kalte Fusion technisch zu meistern, könnten in der Tat enorme Mengen an Energie auf umweltfreundliche Weise erzeugt werden.

Die subjektive Erfahrung, die viele Menschen unabhängig voneinander beim Sonnenyoga gemacht haben, entspricht der Auffassung, dass die Sonne kalt ist. Wer ihr Wesen intuitiv erfasst und zutiefst auf sich wirken lässt, kommt meistens zu dem Erleben, dass die Sonne eben nicht ein glühend heißer Feuerball ist. Natürlich beeinflusst mein eigenes subjektives Erleben meine Überlegungen. Doch wie es Ken Wilber schon vor vielen Jahren gefordert hat, trete auch ich ein für eine ausgewogene Mischung aus Rationalität, Empirie und Mystik. Geben wir einseitig der rationalen Naturwissenschaft den Vorzug, wird diese sehr leicht irrational und stellt Dinge als faktisch dar, die bestenfalls Spekulation sind. Die Idee einer heißen Sonne hat nicht viel argumentative Substanz. Die Ablehnung der Idee einer kalten Sonne hat zumeist etwas mit dem Prinzip „Es kann nicht sein, was nicht sein darf" zu tun. Sollte sich bewahrheiten, dass die Sonne kalte Fusion betreibt, so zöge dies ein gewaltiges Umdenken in der konventionellen Wissenschaft nach sich. Umdenken ist eine unbeliebte Übung in wissenschaftlichen Kreisen – schließlich basiert es auf dem Anerkennen eines Irrtums.

Über Jahrhunderte hinweg beschrieben gängige wissenschaftliche Theorien die Sonne als Feuerball. Obwohl keinerlei Temperaturmessungen aus der Nähe der Sonne vorliegen, herrscht heute die wissenschaftliche Meinung vor, dass der Kern der Sonne 15,6 Millionen Grad heiß ist. Die Konvektionszone soll zwischen 100 000 und 2 Millionen Grad heiß sein, die Fotosphäre, also die obere Schicht, schlappe 5500 Grad. Wie man sich derart sicher sein will, über Temperaturen eines Sterns, der sich 150 Millionen Kilometer von der Erde entfernt befindet, ist mir schleierhaft. Was immer wir heutzutage über die Sonne vermuten, ist nicht auf die Art zu bestätigen, in der wir Phänomene auf der Erde durch Messungen belegen und interpretieren können. Selbst bei vielen irdischen Phänomenen gibt es unter renommierten Wissenschaftlern widersprüchliche Ansichten. Die Theorie der kalten Sonne soll daher auch nicht als faktischer Gegenentwurf dargestellt werden. Ob wir die Sonne als Quelle heißer Fusion oder kalter Fusion ansehen – beide Ideen sind zurzeit nicht beweisbar, sondern nur deduktiv und theoretisch zu untermauern.

Kalte Fusion und Transmutation

Die Existenz von Atomen war bereits vor Demokrit und Epikur, die in der westlichen Welt allgemein als die Begründer der Idee von kleinsten Teilchen der Materie angesehen werden, bekannt. Der große Vertreter des Sonnenyoga, Mahavir, der in Kapitel 1 behandelt wurde, sprach ebenso wie seine Vorgänger in der Tradition der *Jainas* bereits von Atomen.

Seit uralten Zeiten wissen Menschen intuitiv, dass atomare Substanz verfeinert und in edlere Form gebracht werden kann und in diesem Prozess verschiedene Atome verschmelzen können.

Dieses Wissen der Alchemie wurde in der Wissenschaft zunächst belächelt, erfährt seit einigen Jahrzehnten aber eine Renaissance. Dies liegt sicher auch daran, dass die Grundannahme der Alchemie, eine Verschmelzung von Atomen sei möglich, inzwischen nachgewiesen wurde, obwohl damit ein Dogma der modernen Chemie widerlegt wurde. Der Pariser Chemiker Corentin Louis Kervran (1901–1983) entdeckte in den 1930er-Jahren die Transmutation von Elementen. Er hatte den Auftrag, Unfälle in Fabriken zu untersuchen, bei denen Arbeiter an Kohlenmonoxid-Vergiftung starben. Unerklärlich blieb zunächst der Umstand, dass in der Luft in den Fabriken kein Kohlenmonoxid nachweisbar war. Kervran stellte fest, dass die betroffenen Arbeiter alle sehr nahe an besonders heißem Metall gearbeitet hatten. Er postulierte schließlich, dass Luftstickstoff, der ja aus zwei Stickstoffatomen pro Molekül besteht, durch das heiße Metall zu einem amorphen Atomkern verschmilzt, der dann in der Lunge wieder in zwei Atome zerfällt, ein Kohlenstoff- und ein Sauerstoffatom, was dann Kohlenmonoxid bildet. Rechnerisch geht diese Überlegung auf. Ein Stickstoffatom hat die Ordnungszahl (welche die Anzahl der Protonen in einem Atomkern bezeichnet) von 7, ein Stickstoffmolekül hat also 14 Protonen. Ein Kohlenstoffatom hat die Ordnungszahl 6 und ein Sauerstoffatom hat die Ordnungszahl 8. Kohlenmonoxid, das ja aus einem Kohlenstoff- und einem Sauerstoffatom besteht, kommt also wie das Stickstoffmolekül auf 14 Protonen. Kervran postulierte die Herkunft des tödlichen Kohlenmonoxids in den Lungen der verstorbenen Arbeiter somit durch Transmutation von Stickstoff zu Kohlenmonoxid.

Später gelang es Kervran, viele Phänomene in der Natur nachzuweisen, die nur durch Transmutation plausibel zu erklären sind. Er stieß auch auf Forschungen anderer Wissenschaftler, die auf das

Phänomen der Transmutation hinwiesen. Bereits 1799, in den Anfängen der modernen Chemie, wies ein Landsmann von Kervran, der Chemiker Vauquelin, in Fütterungsversuchen mit Hennen nach, dass diese ihre Eierschalen mit wesentlich mehr Kalzium bildeten, als sie mit der Nahrung aufnahmen. Schalentiere können ihre Kalziumkarbonatschale auch in völlig kalziumfreiem Wasser bilden, obwohl der Vorrat an Kalzium in ihrem Körper nur einen Bruchteil des notwendigen Rohstoffs liefert. Manche Wüstenbewohner scheiden permanent drei- bis fünfmal mehr Natrium mit dem Schweiß aus, als sie zu sich nehmen. Samen von Brunnenkresse und anderen Pflanzen enthalten nach einer mehrtägigen Keimung in destilliertem Wasser Mineralien, die sie vor der Keimung nicht enthielten.[*]

Sonnenyoga und Transmutation im menschlichen Körper

Transmutation, wie sie durch Kervran beschrieben wurde, und kalte Fusion sind fundamental verwandte Vorgänge. Der Begriff der kalten Fusion wird normalerweise im Zusammenhang mit der Entwicklung entsprechender Energietechnologien oder wissenschaftlicher Experimente benutzt. Transmutation bezeichnet den Vorgang der Verschmelzung von atomaren Elementen, die zu einer Neubildung elementarer Substanz in lebenden Organismen führen. Beide Vorgänge benötigen nicht die enorme Menge an Energie wie die heiße Fusion, die nach herkömmlicher Meinung in der Sonne abläuft.

---

[*] Weitere Informationen finden Sie in Corentin Louis Kervran: *Biological Transmutations*. Happiness Press (P.O. Box DD, Magalia, California 95954) 1989.

Sollte die Sonne tatsächlich eine Energiequelle der kalten Fusion sein, so könnte dies eine Wirkung des Sonnenyoga erklären. Wie die medizinischen Untersuchungen an Hira Ratan Manek gezeigt haben, kann Sonnenyoga den menschlichen Körper von der Versorgung mit biochemischen Nährstoffen unabhängiger machen. Seit Langem existiert die Erfahrung, dass eine Rohkosternährung oder eine naturbelassene Nahrung den Körper auch weniger abhängig von hohen Quantitäten bestimmter Nährstoffe macht. So konnten zum Beispiel Professor Kuratsune und Dr. Schalatova aufzeigen, dass eine Nahrungsmenge, deren Aufnahme in herkömmlicher Sicht eine Unterernährung darstellt, bei entsprechender Qualität den Körper in bester Verfassung hält. Manche Experten der Rohkosternährung, wie Dr. Gabriel Cousens, haben bereits vor dreißig Jahren die Hypothese aufgestellt, dass ein Mehr an Lebensenergie durch hochwertigere Nahrung den Körper in die Lage versetzt, benötigte Nährstoffe und Spurenelemente leichter durch Transmutation zu erzeugen. Dies könnte erklären, warum Mangelerscheinungen bei einer Rohkosternährung auch dann seltener auftreten, wenn die Ernährung rein biochemisch oder quantitativ betrachtet Defizite aufweist.

Im Sonnenyoga erleben Menschen immer wieder die Sonne als ein lebendiges Wesen, das keineswegs glühend heiß ist. Dies geschieht bei den meisten Praktizierenden des Sonnenyoga, ohne dass sie vorher von der Theorie der kalten Sonne gehört hätten. Oft wird auch die Wirkung der Sonne auf den eigenen Körper so erlebt, dass die Sprache der Alchemie dies gut beschreiben würde. Sollte die Sonne tatsächlich ein Wesen sein, das kalte Fusion als Mechanismus der Energieerzeugung nutzt, dann wäre es nicht verwunderlich, wenn die Sonnenkraft im Menschen die Fähigkeit zur Transmutation vergrößerte.

Ernährung durch Sonnenenergie

Sonnenenergie ist zusammen mit der fruchtbaren Erde und Wasser die Grundlage für die menschliche Ernährung. „Sonnenkost" ist ein beliebter Begriff für frische pflanzliche Nahrung, die sonnengereift ist und für unseren Körper daher einen besonders hohen Nährwert aufweist. Auch direkt werden wir von der Sonne ernährt, beispielsweise dadurch, dass wir Vitamin D nur durch Sonnenlicht in ausreichenden Mengen in unserem Körper bilden können. Die Möglichkeit, sich in einem erheblichen Maß von physischer Nahrung unabhängig zu machen und sich direkt von Sonnenlicht zu ernähren, macht den Sonnenyoga für viele Menschen faszinierend. Die Frage ist nun, wie realistisch diese Idee tatsächlich ist. Ich möchte an dieser Stelle einige Punkte für und gegen die Theorie der Ernährung durch Sonnenenergie anführen.

Für eine mögliche Ernährung durch Sonnenenergie spricht:

- Hira Ratan Manek hat unter wissenschaftlicher Aufsicht demonstriert, dass er durch Sonnenyoga viel länger ohne Nahrung gesund leben konnte, als dies mit herkömmlichem Fasten möglich ist.
- Es existieren auch einige andere Beispiele medizinisch untersuchter Menschen, die ohne Nahrung lebten, so Therese von Konnersreuth (1898–1962).
- Viele Praktizierende des Sonnenyoga erleben, dass ihre Nahrungszufuhr um 30 bis 40 Prozent verringert, weil sie weniger Hunger haben, während sich ihre Gesundheit und ihre Vitalität verbessern.
- Die Erkenntnisse, die Louis Kervran über die Transmutation gewonnen hat, erklären, wie es möglich sein kann, den Bedarf an biochemischen Substanzen ohne Zufuhr von außen zu decken.

Hier nun einige Kritikpunkte an der Idee, sich nur noch von Sonnenenergie zu ernähren:

- Bislang sind Beispiele von Menschen, die ohne Nahrung gesund leben können, ausgesprochen selten.
- In den letzten fünfzehn Jahren haben mehrere Tausend Menschen allein in Deutschland den sogenannten Lichtnahrungsprozess durchlaufen, der angeblich den Körper auf eine rein energetische Ernährung umstellt. Fast alle kehrten zum Essen physischer Nahrung zurück.
- Es gab immer wieder Menschen, die behaupteten, von Licht zu leben, bei denen sich dies jedoch nicht bestätigen ließ. Die Begründerin des Lichtnahrungsprozesses selbst konnte nicht eine Woche unter ärztlicher Aufsicht fasten, ohne dass erhebliche gesundheitliche Beeinträchtigungen auftraten.
- Viele Menschen haben eine psychologisch problematische Beziehung zum Thema „Essen" und sind nicht gut beraten, sich Hoffnungen auf ein Leben ohne Essen zu machen. Einige Menschen mit Essstörungen, die mir bekannt sind, haben sich selbst mit Ideen wie Lichtnahrung eher geschadet als genutzt.

Die Möglichkeit, den menschlichen Körper vermehrt mit Energie zu ernähren und weniger abhängig von physischer Nahrung zu machen, ist ein faszinierendes Thema, das weiterführender Forschung bedarf. Vielleicht ist der Sonnenyoga ein Weg, durch den eine größere Anzahl von Menschen erleben kann, dass wir „nicht vom Brot allein" leben. Ich möchte jedoch gleichzeitig ein wenig zur Vorsicht mahnen, denn in der esoterischen Subkultur werden auch gern manche theoretische Möglichkeiten in zukunftsweisende Visionen umgewandelt. Wir sollten immer achtsam damit sein, wo wir als Menschen tatsächlich stehen und was unser Körper tatsächlich braucht. Vielleicht existiert mit dem Sonnenyoga die Möglichkeit, dass wir uns vermehrt von Sonnenenergie direkt ernähren, wahrscheinlich nicht zu hundert Prozent, aber in einem Ausmaß, das unseren Körper regenerieren und strahlen lässt und unser Urvertrauen in die Kräfte der Natur stärkt.

Praktische Schritte zur Sonnenernährung

Wenn wir unseren Körper durch Sonnenkraft regenerieren und beleben, werden wir uns von allein vermehrt von dieser Kraft ernähren. Mit großer Wahrscheinlichkeit wird die Fähigkeit unseres Körpers erhöht, durch Transmutation den Bedarf an Substanzen ideal auf die Situation abzustimmen und zu decken. Dabei ist es wichtig, auf die Intelligenz des Körpers zu vertrauen und nicht Konzepten zu folgen, die vielleicht nicht auf unseren gegenwärtigen körperlichen Zustand anwendbar sind. Hier nun einige Anregungen, wie Sie eigene Erfahrungen mit der Ernährung des Körpers durch Sonnenenergie machen können:

Nehmen Sie Sonnenbäder, wenn Sie hungrig sind

Hunger ist nur dann unangenehm, wenn wir aufgrund von denaturierter Nahrung oder starkem emotionalem Stress mit Vitalstoffen unterversorgt sind. Gesunder Hunger ist eine sehr wichtige Körpererfahrung, die wir brauchen, um die Zyklen unseres Hormonsystems intakt zu halten. Hunger erhöht die körpereigene Produktion von HGH, dem wichtigsten Hormon für die Regeneration von Muskeln, Knochen und Bindegewebe. Generell ist es sehr sinnvoll, täglich eine Hungerphase zuzulassen. Bei der richtigen Ernährungsweise erleben wir Hunger als belebend und aktivierend. Mehr Informationen dazu finden Sie auf *www.befreite-ernaehrung.de*.

Wenn Sie die Gelegenheit dazu haben, lassen Sie sich an einem Sonnentag hungrig werden, achten Sie aber darauf, gut mit Flüssigkeit versorgt zu sein. Nehmen Sie dann ein Sonnenbad, ohne vorher Sonnencreme oder Hautcremes zu verwenden. Seien Sie aber sehr vorsichtig, dass Sie Ihre Haut nicht überlasten und auf keinen Fall einen Sonnenbrand bekommen. Schauen Sie, was mit Ihrem Hungergefühl geschieht, wenn Sie eine Weile der Sonne ausgesetzt waren. Gibt es vielleicht so etwas wie ein Sättigungsgefühl des Körpers, ohne dass der Bauch gefüllt ist? Achten Sie auch darauf, wie sich ihr Körper insgesamt nach einem Sonnenbad fühlt, das Sie im hungrigen Zustand genommen haben. Nehmen Sie dann bei Gelegenheit ein Sonnenbad nach einer Mahlzeit und achten Sie ebenfalls darauf, wie Sie sich hinterher fühlen.

Praktizieren Sie Sonnenyoga immer auf nüchternen Magen
Wenn wir gerade Nahrung verdauen, ist unser Energiesystem nicht bereit dafür, noch mehr Energie aufzunehmen. Das Schauen in die Sonne auf nüchternen Magen bietet hingegen die Voraussetzung, dass der Körper die aufgenommene Sonnenenergie nutzt, um durch Transmutation benötigte Substanzen zu erzeugen oder belastende Substanzen abzubauen.

Viele Sonnenyoga-Praktizierende erleben reduzierten Hunger. Wer zuvor drei Mahlzeiten am Tag brauchte, kommt nach einigen Monaten Sonnenyoga oft von allein in einen körperlichen Zustand, in dem zwei Mahlzeiten täglich völlig ausreichend sind. Dies sollte aber auf natürliche Weise geschehen und nie mit Ehrgeiz erzwungen werden.

Im Prozess der Reinigung und Umstellung des Körpers kann es phasenweise auch zu Heißhunger oder vermehrtem Appetit kommen. Langfristig erleben aber die meisten Menschen mit dem Sonnenyoga ein reduziertes Nahrungsbedürfnis.

Essen Sie vermehrt chlorophyllreiche und lebendige Nahrung
Chlorophyll ist aus biologischer Sicht die wichtigste Substanz zur Nutzung der Sonnenkraft. Ohne Chlorophyll wäre eine Ernährung komplexerer Lebensformen gar nicht möglich.

Die von Victoria Boutenko propagierten grünen Smoothies gehören ohne Zweifel zu den bedeutendsten Errungenschaften der Gesundheitsforschung unserer Zeit. Durch grüne Blattgemüse, Wildkräuter und Gartenkräuter, die durch einen Hochleistungsmixer assimilierbar gemacht werden, erfahren bereits Hunderttausende von Menschen eine neue Ebene von Gesundheit und Vitalität.

Kauen von Salaten führt bei unseren modernen Zivilisationsgebissen leider nicht mehr zur optimalen Verwertung grüner Blätter. Wohl kein anderer Schritt zu einer gesünderen Ernährung wird so leicht zu einem Selbstläufer wie die grünen Smoothies. Innerhalb weniger Monate erfährt der Körper durch grüne Smoothies eine so angenehme zelluläre Sättigung, dass man sie nicht mehr missen möchte – auf diese Weise wird keinerlei Disziplin oder Willenskraft benötigt, um eine gesunde Ernährung aufrechtzuerhalten.

Generell sind rohe, frische Lebensmittel die Grundlage einer wirklich lebensspendenden und den Sonnenyoga unterstützenden Ernährung. Sie enthalten das, was die Pflanze aus Sonnenenergie gemacht hat, in weitgehend unverfälschtem Zustand. Biologisches Leben ist eine hitzeempfindliche Angelegenheit, und so, wie der Mensch stirbt, wenn seine Körpertemperatur über 43 Grad Celsius steigt, geht auch die Lebendigkeit unserer Lebensmittel bei höheren Temperaturen verloren.

Durch grüne Smoothies, Wildkräuter und andere hochwertige Lebensmittel versorgen wir den Körper mit physisch manifestierter Sonnenenergie. Dies wird im Laufe der Zeit mit Sicherheit unsere Fähigkeit erhöhen, Sonnenenergie auch direkt durch Sonnenyoga und Sonnenbaden als Quelle der Ernährung zu nutzen.

5

Mythen und Fakten über die Wirkungen der Sonne

Wie fast jedes Kind wurde auch ich mit der Information geimpft, dass es zu Augenschäden und Blindheit führen werde, wenn ich direkt in die Sonne schaue. Ebenso war ich darauf programmiert, bei längeren Aufenthalten in der Sonne reichlich Sonnencreme mit einem möglichst hohen Lichtschutzfaktor zu verwenden. Als Teenager und Erwachsener durchlief ich dann einen langsamen Prozess der „Dekonditionierung" von diesen angstbesetzten Gedanken.

Ich kann heutzutage lange in die Sonne schauen und habe dabei wunderbar entspannte Augen. Die erhebliche Sonnenempfindlichkeit meiner Haut ist verschwunden. Für mich als Kind und Jugendlicher waren schon fünfzehn Minuten in praller Sonne die äußerste Grenze, und Sonnenbrände erlitt ich häufig, trotz gewissenhafter Anwendung von Sonnencreme. Damals wurde mir gesagt, dass ich diese Empfindlichkeit von meinem Vater, der leicht rötliches Haar hatte, geerbt hätte und eben damit leben müsse. Seit 24 Jahren verwende ich keine Sonnencreme mehr und kann mich heutzutage, nach einer Phase der Gewöhnung im Frühjahr, beliebig lange in der Sommersonne aufhalten und von dieser wunderbaren Naturkraft aufladen lassen, ohne irgendein Problem mit meiner Haut zu bekommen.

Oftmals erscheint es uns Menschen so, als ob die Natur gefährlich wäre, weil wir übersehen, dass es ausschließlich unsere Art des Umgangs mit der Natur ist, die Gefahren erzeugt. Der

Umgang mit den Kräften der Natur wird selbst in ganzheitlichen Denksystemen nicht immer sinnvoll oder optimal vermittelt. So bin ich nach *Ayurveda* als *Pitta*-Konstitutionstyp eher sonnenempfindlich. Gäbe es keine andere Möglichkeit für meinen Körper, Sonnenenergie aufzunehmen, als es meiner angeborenen Empfindlichkeit entspricht, wäre die Warnung vor zu viel Sonne für mich sicher wichtig. Doch die Praxis des Sonnenyoga hat diese Überempfindlichkeit in eine Fähigkeit verwandelt, Sonnenkraft wirklich zu nutzen und in meinen Körper zu integrieren, sodass die für *Pitta*-Typen empfohlenen Vorsichtsmaßnahmen im Umgang mit der Sonne für mich nicht mehr gültig sind.

Macht Sonnenlicht blind?

Zunächst wollen wir uns der Idee zuwenden, dass das direkte Schauen in die Sonne zu Augenschäden oder sogar Blindheit führen kann. Wie bereits beschrieben, gibt es in der Praxis des Sonnenyoga drei entscheidende Kriterien für den sicheren Umgang mit Sonnenlicht:

1. Wir beginnen mit der Praxis in der ersten Stunde nach Sonnenaufgang und/oder der letzten Stunde vor Sonnenuntergang, wenn die UV-Strahlung am geringsten ist.
2. Wir steigern die Übungszeit des Sonnenyoga langsam und beenden sie, wenn sich die Augen anstrengen, verkrampfen oder anderweitig Zeichen von Unwohlsein auftreten.
3. Wir schauen niemals in die Sonne, wenn wir unter dem Einfluss von Alkohol oder psychedelischen Substanzen stehen.

Natürlich *kann* es zu Augenschäden kommen, wenn wir in die

Sonne schauen, obwohl die Augen sich unwillkürlich zusammenziehen, tränen oder schmerzen. Die meisten Energien der Natur, die an sich Leben spendend und wohltuend sind, können falsch dosiert Schaden anrichten. Wasser in einem natürlichen Wasserfall hat wahrscheinlich ein sehr gutes Energiefeld, aber wenn man sich direkt unter die Niagara-Fälle stellte, würde man von der Wucht des Wassers trotzdem erschlagen. Man kann auch hochwertiges Wasser in solch übertriebenen Mengen trinken, dass man an Gehirnblutungen stirbt (solche Fälle hat es bereits gegeben), aber deshalb wird wohl niemand, der bei Trost ist, vor dem Wassertrinken warnen. Natürlich ist unser gesunder Menschenverstand im Umgang mit einer kraftvollen Naturenergie wie der Sonne gefragt. Das Ziel des Sonnenyoga ist ein gesteigertes Wohlbefinden auf allen Ebenen, was man nur dann erreichen wird, wenn auch die Praxis des Sonnenyoga an sich wohltuend ist.

In allen meinen Recherchen über Menschen, die seit Jahren oder Jahrzehnten regelmäßig in die Sonne schauen, ist mir kein einziger Fall eines Augenschadens begegnet, wenn diese drei oben genannten Prinzipien eingehalten wurden. Sehr häufig haben Menschen ihr Sehvermögen durch Sonnenyoga sogar verbessert.

Wichtig ist eine langsame, stetige Herangehensweise. Viel Sonnenenergie auf einmal bringt wenig, wenn es nicht vorher eine Adaption an längeres Sonnenyoga gegeben hat.

Ganz wichtig ist, wie schon erwähnt, niemals Sonnenyoga unter dem Einfluss von psychedelischen Substanzen zu praktizieren. Diese Substanzen eliminieren unter Umständen die natürlichen Schutzmechanismen und Warnsignale des Gehirns, die uns im nüchternen Zustand durch unwillkürliches Zukneifen der Augen und Schmerz zeigen, dass wir nicht weiter praktizieren sollten.

Also machen Sie bitte keine unsinnigen Experimente – unser Augenlicht ist ein kostbares Gut, das wir nicht riskieren sollten. Marihuana ist dafür bekannt, dass es die Haut empfindlicher für Sonnenstrahlung macht. Es ist anzunehmen, dass für die Augen das Gleiche gilt. LSD und andere psychedelische Substanzen können die Selbsteinschätzung in Bezug auf sinnliche Eindrücke erheblich verändern. Wenn wir in die Sonne schauen, brauchen wir eine ungetrübte sinnlich-körperliche Selbstwahrnehmung, um zu fühlen, wie viel Sonne wir ohne Nebenwirkungen aufnehmen können.

Wird Hautkrebs durch die Sonne verursacht?

Der Mensch als Spezies hat sich in einem Umfeld mit reichlicher Sonneneinstrahlung entwickelt. Alte Kulturen, die uns detaillierte Aufzeichnungen über Leben, Gesundheit und Sterben der Menschen hinterlassen haben, berichteten nie über Geschwülste auf der Haut, die den heute bekannten Melanomen entsprächen – und dies gilt auch für die Hochkulturen Ägyptens, Griechenlands, Persiens und des alten Rom, in denen die Menschen im Durchschnitt sicherlich sehr viel mehr Sonnenstrahlung auf die Haut bekamen als der moderne Mitteleuropäer.

Vor Beginn der industriellen Revolution spielte sich das Leben der meisten Menschen wesentlich mehr im Freien ab als heutzutage. Dennoch war Krebs noch Ende des 19. Jahrhunderts in Deutschland eine derart seltene Krankheit, dass sie im Medizinstudium an der Universität nicht thematisiert wurde. Hautkrebs ist selten tödlich, aber die tödliche Form, das aggressive Melanom, tritt vorwiegend an Körperstellen auf, die am wenigsten der Sonne ausgesetzt sind, wie Achselhöhlen, Fußsohlen oder der Innenseite der Unterarme. Menschen, die kontinuierlich der Sonne ausgesetzt sind, haben ein geringeres Hautkrebsrisiko als Menschen, die zumeist wenig Sonne abbekommen.

Eine Statistik zur Anzahl von Hautkrebserkrankungen pro 100.000 Einwohner sei hier aufgeführt. Sie umfasst die neu diagnostizierten Hautkrebsfälle in den 1990er-Jahren in bestimmten europäischen Ländern:*

Länder	Männer	Frauen
Schweden	14	13
Finnland	10	8
Niederlande	9	12
Deutschland	7,5	9
Österreich	8	7
Belgien	5,5	9
Großbritannien	5,5	8,5
Frankreich	5,5	7
Italien	4,5	9
Irland	4	8,5
Spanien	3,5	4,5
Portugal	2	6
Griechenland	2	4,5

Wir sehen also, dass Hautkrebs in Ländern mit der meisten Sonneneinstrahlung vergleichsweise seltener auftritt als in Ländern, die weniger Sonneneinstrahlung aufweisen. Interessanterweise korreliert eine hohe Hautkrebsrate zwar nicht mit mehr Sonne, welche die Bewohner eines Landes aufnehmen, aber sehr wohl

---

* Quelle: *www.wahrheitssuche.org/hautkrebs.html*

mit einem geringen Verzehr frischer Lebensmittel. In Südeuropa wird generell mehr pflanzliche Frischkost gegessen als in skandinavischen Ländern. In den vergangenen Jahren stieg die Hautkrebsrate besonders stark in Belgien an, und die Belgier sind die Weltmeister im Verzehr von Pommes frites und anderen Quellen stark denaturierter Fette, der sogenannten Trans-Fettsäuren.

Es ist ebenfalls eine bekannte Tatsache, dass Menschen, die in ihrem Beruf kontinuierlich der Sonne ausgesetzt sind, seltener Hautkrebs bekommen als Menschen, die in Gebäuden arbeiten. So haben Untersuchungen der amerikanische Marine ergeben, dass Matrosen, deren Posten auf Deck ist, seltener an Hautkrebs erkranken als diejenigen, die unter Deck arbeiten.* Hautkrebs ist bei Landwirten selten zu finden, ebenso bei Menschen, die im Straßen- oder Gleisbau beschäftigt sind.

Generell sterben sehr viele Menschen vorzeitig an Krebsarten, Osteoporose (durch Komplikationen nach Knochenbrüchen) und anderen Krankheiten, bei denen mehr Sonnenlicht auf der Haut vorbeugend wirkt. Todesfälle durch Hautkrebs kommen vor, liegen zahlenmäßig aber weit hinter den Todesfällen, die durch mangelndes Sonnenlicht verursacht oder zumindest begünstigt werden.

Generell gibt es zum Thema Sonnenlicht und Gesundheit eine große Diskrepanz zwischen seriöser wissenschaftlicher Forschung und einer populärwissenschaftlichen Hysterie, die vor allem eines fördert: Umsätze der Industrie, die Sonnencremes verkauft. Die von der amerikanischen Marine mit der Studie zu

---

* Genauere Darstellung in Richard Hobday: *Sonnenlicht heilt. Wie wichtig Sonnenlicht für unsere Gesundheit ist.* VAK Verlag 2001, und Professor Dr. Klaus Maar: *Rebell gegen Krebs. Grundlagen der biologischen Intensivtherapie – Neue Hoffnung für Patienten?!!!* Kopp Verlag 2008

Hautkrebs beauftragten Ärzte Frank und Cedric Garland kamen zu dem Schluss, das erst mit der vermehrten Nutzung von Sonnencremes ein starker Anstieg der Hautkrebsraten zu beobachten war, vor allem in Neuseeland, Kanada, den USA und Skandinavien. So hat sich die Hautkrebsrate in den USA zwischen 1950 und 1990 bei Frauen verdoppelt und bei Männern verdreifacht, proportional zum gestiegenen Verbrauch von Sonnencreme. Ganz sicher haben die Amerikaner in diesem Zeitraum nicht ihre Aufnahme von Sonnenlicht erhöht.[*]

Wie Sonne gefährlich wird

Wenn der moderne Zivilisationsmensch sein Alltagsleben im Büro ohne Sonnenlicht verbringt, entsteht sehr leicht ein Mangel an Vitamin D, dem wichtigsten hauteigenen Schutz vor Hautkrebs. Außerdem fehlen der Haut bei dieser Lebensweise die Pigmente, also die Bräune, sodass auch die vermehrte Sonneneinstrahlung im Hochsommer vertragen wird. Stattdessen geht der bleiche Mitteleuropäer am Wochenende oder im Urlaub in die Sonne, und weil die Zeit knapp ist, gibt es dann kein langsames Gewöhnen an die UV-Strahlung. Der Körper hat also nicht die Zeit, seine eigenen Schutzfunktionen in Form von Pigmenten und Vitamin D aufzubauen. Und an der Stelle kommt die Wunderwaffe Sonnencreme ins Spiel.

Die weit verbreitete Behauptung, Sonnencreme schütze die Haut vor Schaden und Hautkrebs, ist schlichtweg falsch. Sonnencreme verstopft zunächst einmal, wie sehr viele Kosmetikpro-

---

[*]   Garland/Garland/Gorham: „Could Sunscreens increase Melanoma Risk?", in *American Journal* of Public Health Nr. 82, 1992

dukte, die Poren der Haut, was an sich schon schädlich ist. Die Substanzen, die vor Sonnenbrand schützen sollen, sind heutzutage fast immer Titandioxid oder Zinkoxid. Aber Titandioxid und Zinkoxid bewirken hauptsächlich eine Verlangsamung des Stoffwechsels der Haut. So wird die Reaktion der Haut auf ein Zuviel an Sonne, der Sonnenbrand, verzögert. Wenn man starke Schmerzmittel nimmt, bevor man sich zwei Stunden lang auf den Kopf schlägt, wird man wahrscheinlich auch das Einsetzen von Kopfschmerzen verzögern, aber dadurch wird das Gehirn nicht weniger beschädigt.

Sonnencremes verleihen eine Scheinsicherheit und erlauben es dem bleichen, sonnenhungrigen Menschen, ohne direkt sichtbare Folgen zu lange in der Sonne zu bleiben. Schädigungen an der DNS der Hautzellen, die langfristig auch zu Hautkrebs führen können, sind zunächst nicht sichtbar. Sonnenbrand ist ja nur die sichtbare Reaktion der Zellmembranen der Haut, innere Zellschäden sind aber nicht so offensichtlich.

Vitamin D und seine Schlüsselrolle für die Gesundheit

In den vergangenen Jahren hat Vitamin D viel Aufmerksamkeit in den Medien bekommen. Auch wenn einige Nahrungsmittel kleine Mengen an Vitamin D enthalten, so ist die wichtigste Quelle doch die körpereigene Produktion, die durch direkte Sonneneinstrahlung auf die Haut aktiviert wird. Vitamin D_3, auch Cholecalciferol genannt, ist ein sogenanntes Prohormon, das heißt eine Vorstufe, aus der im Körper aktive Hormone gebildet werden. Es reguliert den Calcium-Spiegel im Blut, aber auch die Zellteilung und Zelldifferenzierung benötigen für einen geordneten Ablauf Vitamin D. Als klassische Mangelerscheinung gilt bei Kindern die Rachitis und bei Erwachsenen die Osteomalazie, beides schmerzhafte Formen der Knochenerweichung. Diese Krankheiten waren früher besonders in England verbreitet, zu Zeiten, in denen eine direkte Sonneneinstrahlung auf die Haut als ungesund galt. Obwohl bekannt war, dass Rachitis überwiegend im Winter einsetzte, kamen Ärzte erst im 20. Jahrhundert darauf, dass es einen Zusammenhang zwischen Sonnenmangel und dieser schlimmen Krankheit gibt.

Heutzutage ist sind Knochenerweichungen seltener geworden, treten aber gehäuft bei Mädchen und Frauen in strenggläubigen muslimischen Kreisen auf, in denen eine so vollständige Verschleierung des Gesichts praktiziert wird, dass fast nie Sonnenlicht an die Haut kommt.

In den letzten zwanzig Jahren hat sich herausgestellt, dass Knochenerweichung nur die extremste Symptomatik eines Vitamin-D-Mangels darstellt. Aufgrund der vielfältigen Aufgaben dieser Substanz im Körper kann ein Mangel auch Krebserkrankungen in der Entstehung begünstigen, ebenso ist die Winterdepression wahrscheinlich teilweise darauf zurückzuführen.

Der Entdecker der aktiven Form des Vitamin D, Professor Michael F. Holick, konnte nachweisen, dass alle Zellen im Körper Vitamin D bilden können. Früher wurde angenommen, nur die Zellen der Haut, der Leber und Nieren könnten Vitamin D bilden. Durch diese neue Erkenntnis wird auch klar, dass Vitamin D viel umfassendere Wirkungen auf den Körper hat, als in der Vergangenheit vermutet wurde. Laut Professor Holick ist eine ausreichende Versorgung mit Vitamin D essenziell, um Prostata-, Brust- und Darmkrebs vorzubeugen.

Vitamin-D-Defizite sind weit verbreitet

Nahrungsmittel wie fettreicher Fisch oder Eigelb können etwas Vitamin D liefern, aber dies reicht bei Weitem nicht aus, um den menschlichen Bedarf zu decken. Außerdem ist bei den heutigen Umweltbelastungen regelmäßiger Verzehr von Fisch nicht ratsam und bei der derzeitigen Überfischung der Meere auch ökologisch alles andere als sinnvoll.

Sonnenlicht ist notwendig, damit der menschliche Körper mit Vitamin D versorgt ist. Doch die Wirkung von Sonnenlicht wird von Sonnenschutzmitteln praktisch zunichtegemacht, was der Grund dafür ist, dass selbst Menschen, die gern Sonnenbäder nehmen, oft erhebliche Mangelerscheinungen entwickeln. Auch andere Kosmetikprodukte, die meistens den natürlichen Hautstoffwechsel sehr viel mehr belasten, als dass sie Nutzen mit sich bringen, können die Vitamin-D-bildende Wirkung der Sonne sabotieren.

Davon abgesehen, bewegen sich viele Menschen einfach zu wenig in der freien Natur und setzen sich nicht genügend der Sonnenstrahlung aus, um gesund zu bleiben. Eine im Auftrag des Bundesgesundheitsministeriums durchgeführte Studie ergab, dass von über 4000 untersuchten Personen mehr als die Hälfte einen erheblichen Vitamin-D-Mangel aufwies. Bei 57 Prozent der Männer und 58 Prozent der Frauen lag der Spiegel unter dem als kritisch betrachteten Grenzwert. Bei den über 65-jährigen Frauen waren 75 Prozent unterversorgt.

Ähnliche Ergebnisse brachten Vitamin-D-Studien in den USA. Vitamin-D-Mangel wurde festgestellt bei
- 40 Prozent der Gesamtbevölkerung,
- 32 Prozent der Ärzte und Medizinstudenten,
- 42 Prozent der afroamerikanischen Frauen,

- 48 Prozent der Mädchen im Alter zwischen 9 und 11 Jahren,
- 76 Prozent aller schwangeren Frauen,
- 81 Prozent der Neugeborenen dieser Frauen,
- bis zu 60 Prozent aller Krankenhauspatienten,
- bis zu 80 Prozent aller Patienten in Altenheimen.*

Angesichts solcher Zahlen muss man sich fragen, welchen Sinn die gebetsmühlenartigen Warnungen vor Hautkrebs durch Sonne haben. Hautkrebs ist eine seltene Krankheit, tödlich verlaufender Hautkrebs ist besonders selten. Depressionen, Osteoporose, Brustkrebs, Darmkrebs und Prostatakrebs sind viel häufiger auftretende Krankheiten und stehen in Zusammenhang mit Vitamin-D-Mangel, der durch einen Mangel an Sonnenlicht auf die Haut verursacht wird.

Mit der Sonne kann natürlich keine Industrie Geld verdienen, mit Sonnenschutzprodukten dagegen schon. Wie so oft hat der Mensch hier aus Profitinteresse Angst vor der Kraft der Natur geschürt und die Sicherheit menschlicher Eingriffe in natürliche Prozesse überschätzt. Die Realität ist jedoch wohl eher die, dass wir durch die Anwendung von Sonnenschutzmitteln den Mangel an Sonnenlicht und die daraus entstehenden Probleme verstärken.

Vitamin D durch Sonnenlicht oder Nahrungsergänzung?

Als Ernährungsberater begegne ich immer wieder Menschen, die glaubwürdig versichern, dass sie sich im Winter durch die Einnahme von Vitamin-D$_3$-Nahrungsergänzungsmitteln besser füh-

---

* Mehr unter *www.zentrum-der-gesundheit.de/vitamin-d-ia.html# ixzz2AxqJqePS*

len. Doch isolierte Vitalstoffe, die nicht im Verbund mit vielfältigen Substanzen stehen, wie es zum Beispiel bei hochwertigen Kräutern und Lebensmitteln der Fall ist, können auch ein Ungleichgewicht im Körper verursachen. Die Einnahme von „Superfoods", die konzentrierte Lebensmittel mit besonderer Wirkkraft sind, ist generell der sinnvollere Weg, aber es gibt leider keine hochwertigen Superfoods, die Vitamin D enthalten.

Vitamin D kann im Körper über Monate gespeichert werden. Wer von Frühjahr bis Herbst regelmäßig Sonne tankt, kann sehr gut mit den im Körper vorhandenen Vitamin-D-Reserven über den Winter kommen. Dazu ist ein regelmäßiger Sonnenkontakt ohne Sonnenschutzmittel notwendig. Auch wenn im Frühjahr nur Gesicht und Hände der Sonne ausgesetzt werden können, ist dies ein guter Anfang. Auch Tageslicht an bewölkten Tagen hat einen leicht stimulierenden Effekt auf die Vitamin-D-Produktion.

Regelmäßiger Kontakt mit der Sonne und Aufenthalte in der Natur sind ganz allgemein eine der wichtigsten Maßnahmen für unsere Gesundheit. Wer die Dosis an Sonnenstrahlung langsam steigert und eine natürliche, rohkostreiche Ernährung genießt, vermeidet Hautschäden durch zu viel Sonne. Dies ist auf jeden Fall der beste Weg, um mit Vitamin D versorgt zu sein.

Nun gibt es Menschen, die in manchen Lebensphasen kaum Tageslicht zu sehen bekommen. Wer sein Leben wirklich nicht so gestalten kann, dass tagsüber regelmäßige Aufenthalte im Freien möglich sind, ist von Oktober bis März wahrscheinlich gut beraten, ein möglichst natürliches Vitamin-D$_3$-Nahrungsergänzungsmittel einzunehmen. Eine gute Tagesdosis sind 1000 IE oder 25 Mikrogramm. Es sollte darauf geachtet werden, dass die Vitaminpräparate keine unnötigen Zusatzstoffe enthalten. Außerdem ist ein Nahrungsergänzungsmittel nur sinnvoll, wenn es die Form des Vitamin D_3 enthält, die tatsächlich im menschlichen Organismus wirksam ist. Das Vitamin D_2, das eine Vorstufe der wirksamen Form darstellt, hat als Nahrungsergänzung keinen Nutzen.

6

Erfahrungsbericht und Fragen zum Sonnenyoga

Meditation mit der Sonne – ein Erfahrungsbericht von *Stefan Strecker*

Würden wir geistiger Klarheit und positiven Gedanken oder freud- und friedvollen Emotionen eine Farbe geben, wäre diese immer hell und leuchtend. Und auch der körperlichen Gesundheit ordnen wir intuitiv nicht die Dunkelheit zu. Was in unserem Innern angelegt ist, findet sich auch im Außen. Suchten wir ein Symbol in der Natur für das innere klare Licht des Bewusstseins, für bedingungslose Liebe und aktive Lebensfreude, so fielen den meisten das pulsierende menschliche Herz und die strahlende Sonne ein. Das ist kein Zufall. Von allen Organen und Sinnen, die wir als Mensch besitzen, ist das Auge das einzige, das die Sonne vollständig wahrnehmen kann. Und ist es ein Zufall, dass der perfekte Kreis der schwarzen Pupille des Menschen hier auf der Erde sich als Gegenstück zum perfekten Kreis des Sonnenweiß dort am Himmel zeigt? Und welchen Grund gibt es dafür, dass die Zirbeldrüse Fotorezeptoren besitzt, also Licht wahrnehmen kann, obwohl sich diese Drüse in der Mitte des Kopfes befindet?

> *„Wär nicht das Auge sonnenhaft, die Sonne könnt' es nie erblicken."*
>
> Goethe

Wer tankt nicht seine unterkühlte Seele nach einem Winter im

Licht der Frühlingssonne auf? Heute wird sogar bei Depressiven starkes Vollspektrum-Licht als wirkungsvolle Therapie verordnet. Wer schaut nicht gern in einen Sonnenuntergang am Meer, bei dessen Anblick liebevolle Empfindungen so viel leichter fallen? Im Licht der Sommersonne fühlen wir uns beschwingter, agiler, fröhlicher, angeregter, klarer und gesünder – die Sonne hilft uns psychisch durch ihr Licht, emotional durch ihre Wärme und physisch durch das mit ihrer Hilfe produzierte Vitamin D, alle Seinsbereiche zu harmonisieren. Keiner würde im Urlaub mittags an einem Strand daran denken, ein schweres Weihnachts-Festmahl zu bestellen: Wir essen vielmehr leichtere Kost und wenig davon. Dass dieser jedem Menschen bekannte, natürliche Effekt nur die Spitze eines gewaltigen Eisberges ist, zu dem das Licht der Sonne uns Menschen verhelfen kann, werde ich hier aufzeigen.

> *„Vitamin D lässt die Krebsindikatoren stärker sinken, als wenn Sie das Rauchen aufhören oder jede andere existierende Gegenmaßnahme. "*
> Dennis Mangan, Klinischer Laborwissenschaftler

Die meisten von uns haben sich durch gesellschaftliche Konventionen zu einer naturfremden Lebensweise verleiten lassen, mit der wir zu nachtaktiven Tieren geworden sind – am helllichten Tag! Obwohl die Uhr an der Wand uns den Tag und nicht die Nacht anzeigt, haben wir uns die Nacht in den Tag geholt. Die Körper des Menschen sind an den Tag angepasst, dennoch schotten wir die Sonne in fast allen Lebensbereichen ab: Wir tragen verdunkelnde und UV-Strahlen-reflektierende Sonnenbrillen, cremen unsere Haut mit aus Erdöl hergestellten Sonnencremes ein, die immer wahnwitzigere Lichtschutzfaktoren haben, tragen selbst im Sommer lange Kleidung, wobei ein einfaches T-Shirt bereits 90 Prozent der Sonnenenergie absorbiert, und arbeiten zu unseren Wachzeiten, die wir mit offenen Augen und nackter Haut in der Natur verbringen sollten, hinter metallbedampften Glasscheiben, die nur noch 20 Prozent des ursprünglich für uns von der Natur angedachten Lichtes hindurchlassen.

„Die menschliche Intelligenz hat sich an das schwache Kerzenlicht gewöhnt und erträgt es nicht mehr, in das Licht der Sonne zu blicken."
Khalil Gibran

Doch es gibt Möglichkeiten, sich aus dieser seelischen Umnachtung mit Leichtigkeit, in kurzer Zeit und ohne viel Aufwand eigenständig herauszuholen. Alles, was ich im Nachfolgenden berichte, gründet auf meiner eigenen Erfahrung – denn alles andere wäre blinder Glaube, und jede Blindheit vor der Wahrheit führt unweigerlich dazu, dass man früher oder später lächelnd vor die Wand läuft. Doch dies sind *meine* Erfahrungen. Das Einzige, was ich hier tun kann, ist, Sie zu informieren und dazu zu inspirieren, selbst eigene Erfahrungen zu machen. Würden Sie das nicht tun, würden Sie wiederum selbst blind glauben, und das hilft keinem von uns. Ganz gleich ob Sie sich in Ihrem Leben ein Mehr an geistiger Klarheit, Lebensfreude und Gesundheit wünschen oder sich sogar bis hin zur Erleuchtung entwickeln wollen, Sie werden sicher nach den nächsten Zeilen die Sonne als Ihren besten Freund betrachten.

Im Frühling 2010 hörte ich zum ersten Mal, dass man mit einer Technik, die „Sungazing" genannt und von Hira Ratan Manek verbreitet wird, auf die Sonne meditieren kann. Sofort spürte ich, dass etwas Bedeutendes in mein Leben getreten war, doch wie tiefgreifend sich dies weiterentwickeln würde, ahnte ich noch nicht. Ich begann umgehend mit der Praxis, die darin besteht, barfuß auf nackter Erde in der ersten oder letzten Sonnenstunde des Tages mit offenen Augen in die Sonne zu blicken – 10 Sekunden lang. Danach gilt es, die Augen zu schließen und das Nachleuchten so lange zu beobachten, bis es von selbst vergangen ist. An jedem Sonnentag übt man dies 10 Sekunden länger, bis man schließlich eine durchgehende Praxisdauer von 45 Minuten erreicht hat.[*] Bereits nach wenigen Minuten spürte ich deutliche Veränderungen: Mein Geist wurde klarer, meine Emotionen freudvoller und nach einiger Zeit wurde auch mein Körper agiler. Zu Beginn stellten sich einige manchmal leichtere, aber auch deutlichere Reinigungssymptome – wie kurzzeitiger Durchfall, Kopfschmerzen, Heißhunger, Schlafbedürfnis, etc. – ein, die ich bereits aus Fastenzeiten und von anderen Meditationen kannte. Unverkennbar war, dass danach der Geist und der Körper immer etwas besser „funktionierten" als zuvor. Auch breitete sich häufig ein bestimmtes Gefühl um die Gegend des Herzchakras, etwa in der Mitte des Brustbeins, aus, welches ich bislang nur durch *Metta-Bhavana* – die buddhistische Praxis der bedingungslosen Liebe – kannte. Auch entdeckte ich durch meine Forschungen, dass in der jüdischen *Kabbala* – der Kunde der Schöpfung und das Wissen darum, wie das Unendliche sich enthüllt – eine der Stationen, die „Tifereth" genannt wird, für die Sonne steht, und gleichzeitig für das menschliche Herz. War das Zufall?

---

[*] Eine ausführliche Anleitung erhalten Sie bei Interesse kostenlos auf *www.sungazing.de*.

„Selbst nach all dieser Zeit spricht die Sonne
nie zur Erde: ‚Du stehst in meiner Schuld.'
Sieh, was eine solche Liebe bewirkt –
sie erleuchtet den ganzen Himmel."
Hafiz, persischer Dichter des 14. Jahrhunderts

Nach dieser Reinigungsphase kam die Aufbauphase. Ich bemerkte, dass ich nun die Energie weniger zur Reinigung benötigt wurde, sondern zu einer Stärkung führte. Ich konnte mich länger auf eine Aufgabe konzentrieren, brauchte weniger Erholungsphasen in Form von Pausen und begann sogar, an einigen Tagen etwas weniger Nahrung zu mir zu nehmen als sonst. Schlaf und Nahrung, meine sonstigen Kraftquellen, wurden nach und nach durch das Licht der Sonne ersetzt. Ich begann jetzt, dieses Thema intensiv zu erforschen. Wussten Sie, dass die chemische Strukturformel von Chlorophyll, das für die Fotosynthese der Pflanzen zuständig ist, mit der des Hämoglobins in unserem Blut beinah identisch ist? Ich erinnerte mich, dass ich mich bereits in der Schule darüber gewundert, es damals aber nicht weiter verfolgt hatte. Alle Erlebnisse in der Zeit meiner *Sungazing*-Praxis hier aufzuführen würde den Rahmen sprengen, und Sie können sie als Video bei *Youtube* ansehen.*

Als meine *Sungazing*-Praxis bereits sehr fortgeschritten war, melden sich wieder meine Intuition und meine Logik, denn es machte keinen Sinn, dass mit ausreichender Übung 45 Minuten in die Sonne zu blicken unschädlich, ja äußert vorteilhaft für das gesamte Leben war, dass dann aber 46 Minuten plötzlich gefähr-

---

* Geben Sie einfach „Stefan Strecker" und/oder „*Sungazing*" bei *Youtube* ein. (Anm. des Hrsg.)

lich sein sollten. So fing ich nach einjähriger Erfahrung an, mit der Sonnenmeditation zu experimentieren.

„Wir können leicht einem Kind vergeben,
das Angst vor der Dunkelheit hat; die wahre
Tragödie des Lebens ist aber, wenn Männer
Angst vor dem Licht haben."
Plato

Schnell entdeckte ich, dass die Regeln des *Sungazing* so lange gelten, wie man kein Feingefühl und keine Intuition dafür hat, wie die Sonne auf einen selbst wirkt. Wie ein Laufrad für Kinder gut ist, um den Gleichgewichtssinn zu trainieren, sind die Regeln beim *Sungazing* hilfreich, um das dort notwendige Feingefühl zu entwickeln. Hat man einmal auf dem Laufrad den ausreichenden Gleichgewichtssinn erlangt, kann man getrost auf ein richtiges Fahrrad steigen. Dasselbe gilt für die relativ einfache Sonnenmeditation des *Sungazing*.

Die deutlichsten Erlebnisse, die auch zu einer radikalen Wende in meiner Praxis führten, hatte ich während eines Selbstkurses in *Vipassana* nach Goenka, den ich in der Wohnung eines Freundes in Berlin machte. Diese äußerst effektive Technik führt zu einem sehr wachen, klaren Geist und einem enormen Feingefühl für den Körper. All dies stellte sich als sehr hilfreich für meine Sonnenpraxis heraus. Ich praktizierte in dieser auch Zeit *Sungazing* bei Sonnenaufgang und nahm mir vor, wie schon zuvor des Öfteren, nicht mehr nach der reinen Uhrzeit, sondern so lange in die Sonne zu blicken, bis ich energetische „Sättigung" in mir verspürte, was sich immer darin zeigte, dass die Praxis für den Geist und die Augen plötzlich anstrengend wurde. Dabei stellte ich Spannendes fest:

Nach längerer Zeit entspannten Meditierens auf die Sonne wurden die Sonnenstrahlen innerhalb weniger Sekunden plötzlich heißer und intensiver. Ich befand mich bereits außerhalb des von *Sungazing* erlaubten 45-Minuten-Bereichs und wusste damit nichts anzufangen, außer dass ich intuitiv den Kopf senkte, die Augen etwas nach oben rollte und durch die Wimpern in die Sonne blickte. Damit war mir das weitere Meditieren auf die Sonne ebenso leicht möglich wie zuvor, außer dass ich mich ein wenig darüber wunderte. Später zogen dichte Wolken am zuvor klaren Himmel auf und ich beendete die Sonnenmeditation mit dem üblichen Betrachten des Nachleuchtens bei geschlossenen Augen. Dies dauerte einige Minuten und damit so lange wie für mich üblich. Danach sah ich auf die Uhr: Es waren 90 Minuten vergangen! Es ging mir gut und ich war erstaunt, denn mir hatte sich bestätigt, dass die tatsächlich vergangene Zeit bei Führung durch die Intuition und Prüfung durch ausreichendes Feingefühl keine Rolle spielte.

„Das Auge gibt dem Körper Licht. … Achtet also
darauf, dass in euch statt Licht nicht Finsternis ist.
Wenn der ganze Körper von Licht erfüllt und
nichts Finsteres in ihm ist, erlangt er alles."
Jesus, Bergpredigt

Am nächsten Tag erwartete mich eine weitere Überraschung, und das völlig unvorbereitet, denn ich war mehr als dankbar dafür, wie die Sonne mein Leben bereicherte. Ich begann, in der Nachmittagssonne zu praktizieren. Nach längerer Zeit – vielleicht mehr als einer Stunde – und einem außergewöhnlich stillen Geist, bemerkte ich plötzlich, dass ich nicht mehr atmete. Es war nicht so, dass ich flach atmete, nein: Der Atem war vollständig zum Stillstand gekommen! Ein Teil von mir sagte, dass jetzt Panik eine gute Idee wäre, denn: „Man muss atmen zum Überleben!" Ein anderer Teil sagte etwas sanfter: „Ist das nicht spannend? Und du lebst doch ..." So entschloss ich mich, zu beobachten, was von selbst geschehen würde. Nach geschätzten 12 bis 15 Minuten begann mein Atem wieder, ganz sanft zu fließen. Wie lange ich nicht geatmet hatte, bevor ich mir dieses Umstands bewusst geworden war, konnte ich nicht feststellen.

Meine Neugier war geweckt, und ich wusste, dass es damit etwas Besonderes auf sich hat und ich sicher nicht der Erste war, der dies entdeckt hatte. Ich begann, mich auf die Suche zu machen: Ich wollte andere Menschen finden, die Ähnliches erlebt hatten. Doch wo sollte ich suchen?

Zufällig – und genau dann, wenn man zufällig einen Zufall braucht – entdeckte ich im Internet das Bild eines Yogis, der in die Mittagssonne blickt. Er hieß Sunyogi Umashankar, und ich wollte ihn unbedingt treffen, so schnell wie möglich. Sunyogi Umashankar ist ein Mann, der intelligent und bescheiden ist, ein wahrer Mensch mit großem Herz. Von ihm wurde gesagt, dass er 12 Jahre lang nichts gegessen und getrunken hatte, ohne Schlaf auskam, und um sein Sonnenyoga zu testen, zwei Jahre im Himalaja bei bis zu 45 Minusgraden verbracht hatte, um zu beweisen, dass seine Meditation und die damit erreichte Erleuchtung alle Probleme zu lösen vermag. Ich selbst konnte mich bald von Teilen dieser Behauptungen überzeugen und erlebe an mir selbst immer mehr die Effekte, die Sonnenyoga verspricht. Ich plante damals bereits meine Reise nach Indien, als mir die Idee kam, den Yogi einfach nach Deutschland einzuladen. Die Flugkosten sind dieselben und vielleicht war ich ja nicht der Einzige, der von ihm lernen wollte. Und Sunyogi Umashankar antwortete sehr schnell und freundlich auf mein Anliegen, wenige Monate später gab er den ersten Kurs in Europa über sein „Sonnenyoga", gleich zwei Straßen entfernt von meiner Wohnung auf einem Biobauernhof, umgeben von friedvollen und liebevollen Menschen und Tieren – ein sehr passendes Szenario für das, was kommen sollte.

Vor Beginn des Seminars entschloss ich mich, ihm keine meiner Erlebnisse mitzuteilen, sondern abzuwarten, was er zu berichten hatte und dann zu vergleichen. Ich wollte ja nicht blind vor die Wand laufen, denn ich wusste durch mein Grundstudium in Humanmedizin: Man konnte mit der Sonne so falsch umgehen, dass man tatsächlich erblindete.

> *„Menschen waren ursprünglich Lichtköstler. Wir brauchen keine Nahrung, um zu überleben."*
> Professor Hilton Hotema

Gleich zu Beginn des Seminars begannen wir alle, eine Stunde lang auf der Wiese vor dem Hof sein Sonnenyoga zu praktizieren. Eine Stunde ... keine 10 Sekunden ... für Anfänger – wie sollte das gehen? Er lehrte uns seine Methode, mithilfe vorbereitender Meditation den Geist und das Herz an die Sonne anzugleichen und danach beim Blick in die Sonne mit den Augen bestimmte Winkel einzunehmen, sodass ihr Licht für Anfänger nicht auf die Retina fällt, und ihre Energie dennoch aufgenommen wird. Danach kam der theoretische Unterricht, und bis dahin hatte ich kaum ein Seminar gemacht, in dem so viel Wichtiges für die Menschheit in so kurzer Zeit gelehrt wird. Logisch und für jeden praktizier- und erfahrbar. Und dann kam es. Sunyogi berichtet davon, dass die Erdatmosphäre bei bestimmten Winkeln das Feuerelement vom Sonnenlicht abspaltet und wir dies als anstrengende Hitze bei der Meditation erleben können – nichts für Anfänger also, und es handelte sich um genau den Winkel, in dem die meisten Menschen, die unvorbereitet in die Sonnenmeditation gehen, blind werden. Der nächsthöhere Winkel ist der Luftwinkel, bei man den Atem zu vergessen beginnt, der dann mit fortschreitender Praxis aussetzt. Er berichtete bis ins Detail über all das, was ich selbst erlebt hatte! So wusste ich, dass er ebenfalls aus Erfahrung spricht und nicht einem blinden Glauben folgt, wie er in der Spiritualität so oft anzutreffen ist.

Das Seminar beinhaltete viel mehr Informationen, die schier unglaublich erscheinen mögen, wenn man es nicht selbst erlebt hat. Sunyogi selbst praktiziert am liebsten in der Mittagssonne und ich war persönlich anwesend, wie eine Anfängerin bei einem Kurs in Österreich bereits nach dem dritten Tag zu dieser Zeit mit ihm praktizierte – was einige weitere Teilnehmer dazu ermutigte, das ebenfalls zu versuchen. Für alle erfolgreich. Ich brauchte dafür mehrere Jahre, und ich freue mich für jeden, dem dies schneller gelingt. Es ist so einfach ... wenn man der Sonne sein Herz öffnet und sich dem Ursprung des Lebens auf diesem Planeten und damit dem Ursprung unseres eigenen Lebens vertrauensvoll hingibt.

„Meditation auf die Sonne führt zur Allkenntnis."
Patanjali

Ich erfuhr, dass der Sinn von Sonnenyoga nicht ist, Lichtnahrung zu erreichen. Auch wenn Sunyogi Umashankar und viele andere mit Sonnenyoga zu einem Zustand gelangten, in dem sie keine Nahrung, keine Flüssigkeiten, keinen Schlaf und keine Wärme mehr benötigten, ist dies doch nur ein Nebeneffekt. Das Ziel ist Erleuchtung, die Selbsterkenntnis, die Erkenntnis des Wesens des

Universums – und letztendlich des Schöpfers hinter der Schöpfung. Ist es ein Zufall, dass im Wort „Erleuchtung" Licht implizit ist? Und wir haben nur eine natürliche Quelle für Licht. Nur eine. Erleuchtung geschieht über die Herzöffnung, und der Blick in die äußere Sonne hilft uns, die Innere Sonne – unser spirituelles Herz – zu erwecken, das alle Disharmonien und Unreinheiten ins uns auszugleichen vermag. Das kann jeder selbst erleben. Was dabei in unserem Gehirn vor sich geht, was Erleuchtung genau ist, welche Erfahrungen wir auf dem Weg dorthin machen und wie es dann weitergeht, ist Bestandteil des Sonnenyoga-Seminars. Zur Sicherheit der Praktizierenden ist dies nur von erfahrenen, von Sunyogi ernannten Lehrern und natürlich auch bei ihm persönlich erlernbar. Es kann einfach zu viel Schaden führen, wenn man in Unkenntnis übermütig praktiziert. Doch weiß man einmal, wie es geht, ist es leicht. Während meines späteren Besuches in Indien war ich selbst Augenzeuge, wie bereits nach wenigen Stunden Praxis einige wenige Menschen direkt zur Erleuchtung gelangten.

„Die Seele braucht keine Wurst. Die Seele braucht Lichtnahrung!"
Tiangong-Meisterin Tianying

Inspiriert und ermutigt durch Sunyogis Beispiel, konnte ich meiner Intuition noch mehr vertrauen und begann am 24. Oktober 2011 mit der Sonnenyoga-Praxis bei Sonnenaufgang. So früh zu beginnen war zwar nicht mehr notwendig, doch ich liebte es, die Sonne aufgehen zu sehen und in ihrer Bahn zu beobachten. Und dieser Tag war ein besonders schöner. Zunächst geschah nichts Ungewöhnliches, zumindest nichts Ungewöhnlicheres als sonst. Außer dass ich an der Straße sitzen musste, da die Sonne dort, wo ich wohne, auf dieser Seite aufging. Längst hatte es mich nicht mehr gestört, wenn einige Fußgänger oder Autofahrer neugierig langsamer wurden, sobald sie mich sahen. Mit höher steigender Sonnen traten einige tiefere Effekte auf, als ich gewohnt war, so zeigten sich Zuckungen in meinem Körper, die ich nur aus der *Kunlun*-Praxis kannte, und ich spürte häufig Impulse, bestimmte Fingerhaltungen, „Mudras" genannt, einzunehmen – auch wenn ich nicht die geringste Ahnung hatte, was sie bewirkten. Ich bemerkte Impulse, die Körperhaltung zu verändern – ähnlich wie sich aus einem *Asana*, einer yogischen Körperhaltung zu erheben, eine Weile stehen zu bleiben und dann in ein anderes Asana zu gehen. Und es hörte nicht auf! Die Sonne stieg immer höher, und es war mir immer noch möglich, sie entspannt mit offenen Augen zu betrachten. Die Praxis wurde nur dann leicht anstrengend, wenn ich den erwähnten Impulsen kurzzeitig nicht nachgab. Es wurde immer später, ich wusste zwar nicht, wie spät es war, doch musste es vom Sonnenstand her Mittag sein. Es ist spannend, zu beobachten, wie ich mit offenen Augen in die Mittagssonne blickte, und es selbst kaum glauben konnte, während ich es tat, wenn die Tatsachen nicht so unübersehbar wären. Blickt man mit Liebe in die Mittagssonne, so zeigt sie sich einem in ihrer höheren Wirklichkeit, denn sie ist alles andere als heiß. Ich erfuhr am eigenen Leib, dass Sunyogis Aussage wahr ist, dass die Sonne kein brennender und heißer Gasball ist, sondern ein kühler Photonenball. Ein himmelweiter Unterschied! Ich weiß, dass dies nicht den wissenschaftlichen Aussagen entspricht. Doch wenn ich die Wahl habe, Tausenden Büchern zu glauben oder dem, was ich selbst erlebt habe, weiß ich, wofür ich mich lächelnd entscheide.

Während die Sonne zur Mittagszeit am höchsten stand, erlebte ich am eigenen Körper, dass unser Geist die Sonnenenergie wie ein Prisma aufspaltet. Ist der Geist still, ist er klar wie Glas und lässt das Sonnenlicht direkt auf den Geist und den Körper scheinen, oder besser: in den Körper. Es gab ein Erlebnis, das ich mit Ihnen teilen möchte. Während der Praxis trat ein stechender Schmerz im unteren Teil meines Rückgrats auf. Als ich weiter in die Sonne blickte, kam es mir vor, als ob die Sonne durch meine Augen wie durch zwei Fenster in mich hineinschiene, und als ich mir der Sonne und des Schmerzes gleichzeitig bewusst war, gab es ein merkwürdiges wärmendes Gefühl an der Stelle des Schmerzes und innerhalb weniger Sekunden war er einfach aufgelöst! Wie ein Schatten, den man plötzlich dem Licht aussetzt. Durch meine Erfahrung mit *Vipassana* wusste ich in etwa, wie lange ich selbst darüber meditieren müsste, um einen solchen Schmerz zu integrieren: Es wären viele Stunden gewesen. Die Sonne hat ihn innerhalb von Sekunden harmonisiert. Als ich die Meditation beendete, war es 13 Uhr 30, ich hatte fünf Stunden lang bei wolkenlosem Himmel kontinuierlich mit offenen Augen in die Sonne geblickt. Es ist unbedeutend, ob mir dies jemand glaubt, denn ich *weiß* es. Und ich kann Sie immer noch sehen.

Ich kann nicht mit Worten ausdrücken, wie dankbar ich dafür bin, *Vipassana* und Sonnenyoga erlernt haben zu dürfen, denn von den Hunderten von Techniken, die ich kenne, verändern diese beiden das Leben auf einfache und umfassende Weise zum Positiven.

> *„Die Sonne droben ist ein großer*
> *Blick der Liebe."*
> Christoph August Tiedge

Ich wünsche mir für Sie, dass Sie die Wahrheit dieses letzten Zitates selbst erfahren dürfen.

Häufig gestellte Fragen zum Thema „Sonnenyoga"

Im Folgenden gehe ich auf Fragen ein, die mir gestellt wurden, als ich meine Begeisterung für Sonnenyoga mit anderen teilte. Sie betreffen Inhalte, die sehr häufig von Menschen angesprochen werden, wenn es um Sonnenyoga geht. Alles zu hinterfragen ist meiner Meinung nach eine echte Tugend im Umgang mit spirituellen Methoden. Insofern sollen meine Antworten auch nicht den Stempel absoluter Gültigkeit tragen, sondern anregen, immer weiter die eigenen Antworten zu finden.

Frage: Auch wenn ich die Regeln des Sonnenyoga beachte und damit meine Augen vor Schaden bewahre, kann es vielleicht trotzdem vorkommen, dass ich zu viel Energie aufnehme? Kann ich mich zu sehr stimulieren?

Antwort: Wenn wir im Sonnenyoga aus einem persönlichen Ehrgeiz heraus praktizieren und uns Ziele setzen, wie lange wir es schaffen wollen, in die Sonne zu schauen, werden wir vielleicht die Signale unseres Körpers nicht gut wahrnehmen, die zeigen, wann es genug ist. Insofern ist dein Einwand berechtigt. Dennoch höre ich ausgesprochen selten davon, dass beim Sonnenyoga Nachwirkungen erlebt werden, die man auf ein Zuviel an Sonnenenergie zurückführen könnte.

Allgemein werden die Praxis und deren Nachwirkungen als ausgesprochen angenehm und natürlich erlebt. Sollte man übertreiben, wird es sicherlich körperliche oder energetische Symptome geben, wie Übelkeit, Schwindel, Kopfschmerz, emotionale Gereiztheit. Dann hätte man eine wertvolle Lektion bekommen, an der man weiter wachsen kann.

Du betonst oft, dass Sonnenyoga ohne Guru auskommt. Aber sagen nicht alle spirituellen Traditionen, dass man die Gnade eines Meisters braucht, um selbst spirituell zu erwachen? In anderen Lebensbereichen braucht man doch auch Lehrer, um weiterzukommen, zum Beispiel beim Klavierspielen.

Der Taoismus kommt ohne das Guru-Prinzip aus, ebenso der *Jainismus*; auch die alten Mysterienschulen Griechenlands kannten es nicht. Sonnenyoga ist auch eine alte Tradition, in der Gurus kaum eine Rolle spielen. Somit stimmt es schlichtweg nicht, dass alle Traditionen die Gnade des Gurus für wichtig halten. Im Übrigen gibt es einen erheblichen Unterschied zwischen Lehrern, von denen man etwas Wertvolles lernen kann, und Gurus, denen sich Schüler unterwerfen. Kein Klavierlehrer verlangt Gehorsam in allen Lebensbereichen, oder dass die Klavierschüler sein Foto anbeten.

Spirituelle Lehrer können definitiv wertvoll sein – ich selbst wäre wahrscheinlich nie auf die Idee gekommen, regelmäßig in die Sonne zu schauen, hätte es keine Lehrer des Sonnenyoga gegeben. Aber gute Lehrer im spirituellen Bereich bestärken den individuellen Menschen und fördern keine magischen Fantasien wie die von einer besonderen, exklusiven Gnade, die man durch Hingabe an ihre Person erwirbt.

Ich sehe oft zwei Extreme bei Menschen, die sich spirituell entwickeln wollen. Manche vertreten eine „Ich bin mein eigener Meister"-Haltung mit der Energie eines Teenagers, der unbedingt gegen die Eltern rebellieren muss. Manchmal können wir aber von anderen Menschen wertvolle Dinge lernen und von ihrer größeren Wahrnehmung profitieren, ob diese nun Lehrer, Therapeuten oder Freunde sind. In sich authentisch zu sein und sich nicht anderen auf eine Art zu unterwerfen, die einen selbst schwächt, ist kein Gegensatz zu Demut und Offenheit. Andererseits haben immer noch sehr viele Menschen Angst davor, ohne die Leitung eines Lehrers auszukommen, der als erleuchtet, von besonderer Gnade durchdrungen oder anderweitig ideal imaginiert wird. Solche Ängste laden geradezu dazu ein, unerfüllte Bedürfnisse aus der Kindheit auf einen Guru zu projizieren, und das geht selten gut aus. Manche Menschen können tiefe Transzendenz erfahren haben, autorisierte Lehrer in irgendeiner Tradition sein und trotzdem erhebliche Schattenanteile haben, die sie an solchen bedürftigen Schülern ausagieren können. Nichts davon fördert die innere Entfaltung des Menschen, die im Allgemeinen eine sehr schlichte Angelegenheit ist. Natürlich sind charismatische Menschen, die sich selbst eine besondere spirituelle Bedeutung beimessen, faszinierend für bestimmte Teile der menschlichen Persönlichkeit. Doch hier werden im Namen von Spiritualität einfach Dramen inszeniert, die eher vom Wesentlichen ablenken.

Was bedeutete es, wenn all die Aussagen der altehrwürdigen Erleuchtungslehren, denen zufolge wir schon immer das *sind*, worum es auf der inneren Entdeckungsreise geht, wahr wären? Vielleicht wäre es, wenn wir diese Basis der Erleuchtungslehren tief in unser Inneres sinken ließen, möglich, unserem Herzen zu vertrauen, unserer Intuition. Manchmal mag uns das zu einem Lehrer führen und manchmal dazu veranlassen, Lehrer hinter uns zu lassen. Feste Regeln wären widersinnig, wenn die innere Entdeckungsreise nicht mehr auf einem vermeintlichen Mangel beruhte.

Woran kann man denn deiner Meinung nach einen guten Lehrer für Sonnenyoga erkennen? Es gibt ja einige, die du gar nicht erwähnst.
Sicher kenne ich nicht alle Lehrer des Sonnenyoga. Ich erwähne diejenigen, die ein paar einfache Kriterien erfüllen: Erstens geht es vor allem um die Sonne, den Sonnenyoga, die Hingabe

an die Kraft und das Wesen der Sonne. Der Lehrer fördert nicht eine Atmosphäre, die dazu geeignet ist, emotionale Bindungen an ihn zu stärken. Zweitens geht es nicht um das Erschaffen einer Organisation, einer Bewegung oder um ein Business. Drittens werden die Menschen, die von diesem Lehrer lernen, kompetent begleitet und können daher positive Erfahrungen ohne Nebenwirkungen machen. Es gibt auch keinen psychologischen Druck, positive Erfahrungen haben zu müssen.

Ein weiser Lehrer fördert nicht die emotionalen Bedürfnisse des Menschen nach einem spirituell wirkenden Lebensstil, nach Zugehörigkeit zu einer Gruppe, die sich als etwas Besonderes fühlt, nach einer Identität als Schüler, Eingeweihter etc. Dies sind alles Projektionen des Unbewussten, die es zu erkennen und aufzulösen gilt, wenn wahre innere Reife realisiert werden soll.

Es gibt ja einige Satsang-Lehrer, die sagen, dass alle spirituellen Techniken sinnlos seien, weil man nichts für seine Erleuchtung tun könne. Außerdem sagen sie, es sei nur das Ego, das Techniken lernen und anwenden wolle. Das ist ja auch der Kern der Advaita–Vedanta-*Lehre, wie er von vielen Satsang-Lehrern verbreitet wird. Wie kann dann Sonnenyoga sinnvoll sein?*

Tja, dann stammt auch die Aussage, dass nur das Ego Techniken lernen will, aus dem Ego. Ablehnung von Aktivität, nur weil sie auch vom Ego motiviert ist, halte ich überhaupt nicht für eine spirituell sinnvolle Idee. Wir können sehr wohl unser Ego und seine Motivation in unseren spirituellen Weg einbeziehen, alles kann „Korn für die Mühle sein", wie Ram Dass sagt.

Sicher gibt es neurotische spirituelle Sucher, denen es guttut, wenn ihnen mal zum Innehalten geraten wird. Mal passt es besser, eine Weile nichts zu tun, und mal ist eine regelmäßige Praxis sinnvoll. Spirituelle Lehren und Anregungen sind wie Medizin. Im besten Fall kann die sinnvolle Einnahme von Medizin dazu verhelfen, dass die Gesundheit wiederhergestellt wird, aber die Einnahme von Medizin ist nicht die Gesundheit. Jede Medizin kann auch störend wirken, wenn sie für den betreffenden Menschen nicht die passende ist.

Du selbst weißt am besten, was für dich richtig ist. Weil manche Lehrer, wie H.W. Poonjaji (1910–1997), besonders dafür bekannt wurden, dass sie Suchern geraten haben, die innere Freiheit nicht auf später zu verschieben und mal jede Art von Suche loszulassen, wurde daraus im Westen eine spirituelle Mode. Poonjaji selbst hat 24 Jahre wie ein Besessener meditiert und im Übrigen hat er manchen seiner Schüler auch Mantras gegeben. *Advaita Vedanta* wurde von Shankara (788–820) begründet, der sehr viel Wert auf Disziplin gelegt und Forderungen an seine Schüler gestellt hat, die wohl kaum jemand in der gemütlichen modernen *Satsang*-Kultur befolgen wollte. Ramana Maharshi (1879–1950) war der bekannteste *Advaita*-Lehrer im 20. Jahrhundert, er empfahl verschiedenen Menschen einen ganz unterschiedlichen Umgang mit Praktiken. Hatten sie die entsprechende innere Reife, wie H.W. Poonjaji, sagte er ihnen, dass sie keine weiteren Praktiken benötigten. Sein Schwerpunkt lag immer auf der direkten Selbsterforschung, aber in seinem Ashram wurden die Veden gesungen und es wurde empfohlen, den heiligen Arunachala-Berg zu umrunden. Auch etwas so Körperliches wie eine maßvolle vegetarische Ernährung hielt Ramana für sinnvoll.

Auch Nisargadatta Maharaj (1897–1981) lehrte das direkte Erwachen im Sinne des *Advaita Vedanta*. Obwohl er radikal war, wenn er Menschen mit ihren spirituell verkleideten Illusionen konfrontierte, erkannte er an, dass Erwachen für die meisten

Menschen einen gewissen Reifeprozess voraussetzt. Auf Meditation angesprochen, sagte er einmal: „Es ist gut, täglich etwas Hausputz zu machen."

Wer zwanghaft oder neurotisch spirituelle Praktiken übt oder den Kopf voll hat mit Ideen darüber, was er noch an Stufen durchlaufen muss, bevor er sein wahres Selbst erleben kann, möge solche Anregungen zum Loslassen allen Suchens dankbar annehmen. Sonnenyoga entfaltet seine besten Wirkungen ohnehin dann, wenn wir es einfach aus Freude, Abenteuerlust und Hingabe an das große Mysterium des Tao/Selbst/Göttlichen erleben. Sonnenyoga muss keinen spirituellen Zweck haben, allein schon die wunderbar belebenden und regenerierenden Wirkungen auf Gehirn, Körper und Lebensenergie lohnen sich. Spiritueller Leistungsstress ist keinesfalls notwendig, damit wir uns einer angemessenen Praxis widmen. Ein Gegensatz zwischen dem Praktizieren und Nicht-Praktizieren von Methoden besteht letzten Endes nur im dualistischen Geist. In der Wirklichkeit unseres Seins gibt es ein solches Problem nicht.

Sehr passend finde ich einen Dialog, den Anthony de Mello einmal mit seinen Schülern führte:

Frage: „Können wir etwas für unsere Erleuchtung tun?"

Antwort: „Ebenso wenig, wie ihr etwas dafür tun könnt, dass die Sonne morgens aufgeht."

Frage: „Wofür sind dann all die geistigen Übungen gut, die du empfiehlst?"

*Antwort: „Damit ihr nicht schlaft, wenn die Sonne aufgeht!"**

---

* Aus einer mündlichen Überlieferung von Anthony DeMello, von einem seiner Schüler weitergegeben

Du äußerst dich ja eher zurückhaltend zum Thema „Lichtnahrung".
Ist das nicht eine der wichtigsten Wirkungen des Sonnenyoga?

Bisher ist es ganz offensichtlich so, dass auch mit Sonnenyoga nur einige wenige Menschen wirklich in einem Zustand sind, in dem sie keine physische Nahrung brauchen. Ich bestreite nicht die Existenz solcher Fälle, HRM und Sunyogi sind für mich glaubwürdige Beispiele für Ernährung durch die Sonnenkraft. Auch im Qigong habe ich einige wenige Menschen kennengelernt, die offenbar dauerhaft im *Bigu*-Zustand leben können, einer Art Halbfasten mit sehr wenig physischer Nahrung. Ich sehe aber in manchen Fällen auch eine wenig sinnvolle Motivation, das Essen zu überwinden. Es gibt schon genügend Essstörungen in unserer Gesellschaft, das müssen wir nicht noch mit spirituellen Fantasien fördern. Wenn der Körper durch Sonnenyoga irgendwann dahin kommt, dass er weniger oder keine physische Nahrung mehr braucht, wunderbar. Wenn unser Körper auf die energetischen Aktivierungen durch Sonnenyoga so reagiert, dass wir vielleicht für eine Weile mehr essen, ist das kein Zeichen dafür, dass wir spirituell zurückgeblieben sind. Im Allgemeinen scheint es so zu sein, dass weniger Essen benötigt wird, wenn Menschen längere Zeit Sonnenyoga praktizieren. Dies geschieht von allein und oft zur Überraschung der Betreffenden. Je weniger Konzepte wir darüber haben, was beim Sonnenyoga passieren soll, umso natürlicher können wir diesen Weg gehen und die Phänomene, die dabei auftreten, wie Blumen am Wegesrand genießen.

Skeptisch bin ich in der Tat, wenn Ideen die Runde machen, denen zufolge jeder Mensch in drei Wochen oder in drei Tagen die Notwendigkeit des Essens hinter sich lassen kann. Wo ist da der Raum für die individuellen Gegebenheiten des Menschen? Selbst Sunyogi hat die Erfahrung gemacht, dass er auf den geeigneten Zeitpunkt warten musste, um mit dem Essen aufhören zu können. Er hatte die Weisheit, aus seinem anfänglichen Irrtum zu lernen, als er durch ein zu frühes Umstellen auf energetische Nahrung geschwächt war. Schließlich stellte sich die Fähigkeit ein, von Energie zu leben, aber das geschah nicht innerhalb von drei Tagen oder Wochen.

Ich finde im Übrigen nicht, dass Lichtnahrung einer der wichtigsten Effekte des Sonnenyoga ist. Vielleicht wäre es sogar möglich, von Licht zu leben und nicht gerade glücklich und innerlich frei zu sein. Vielleicht könnten manche Menschen von Licht leben und trotzdem hartherzig sein. Das ist zugegebenermaßen spekulativ, aber ich habe jedenfalls Menschen mit erstaunlichen Fähigkeiten in energetischen Bereichen getroffen, die unnahbar, manipulativ oder paranoid waren. Vielleicht ist Lichtnahrung ein Nebenprodukt des Sonnenyoga, das sich eines Tages bei vielen Praktizierenden einstellt. Aber sollte dies nicht so sein und sollte der Sonnenyoga Menschen einfach zu ihrer wahren Natur erwecken und sie gesünder, ausgeglichener und gütiger werden lassen – wäre es dann etwa ein Problem, dass die Sonnenyogis immer noch essen? Ich kenne die Faszination, die spirituelles Beiwerk auf Menschen ausübt, ganz gut von mir selbst, aber ich sehe auch, dass dahinter oft ein Wunsch steckt, der Verletzlichkeit und Begrenztheit des menschlichen Lebens zu entkommen. Essen zu brauchen ist jedoch kein Anzeichen für ein Problem, das überwunden werden müsste.

Es gibt ja die Ansicht, dass gedankliche Vorstellungen genauso wirksam für den Körper sind wie reale physische Dinge. Gedanken schaffen Realität. Würde es nicht reichen, sich die Sonne einfach vorzustellen?

Wenn du deine Haut bräunen kannst, indem du dir die Sonne nur vorstellst, vielleicht. Gedankliche Vorstellungen können natürlich einiges bewirken, haben aber auch ihre Grenzen. Hungernde Menschen fantasieren viel vom Essen, aber das macht sie nicht satt. Nur weil Gedanken manches bewirken können, lässt sich daraus nicht schließen, dass sie alles bewirken können. Es gibt ja bekannte Autoren, die sagen, dass Gedanken auf geradezu unfehlbare Weise Realität erschaffen. Ich habe einige von ihnen kennengelernt, und es war klar erkennbar, dass sie genauso mit Problemen zugange waren wie jeder andere auch, Probleme, die für diese Apostel der Gedankenkraft sicher nicht existieren würden, könnten sie tatsächlich ihre Realität beliebig gestalten. Dies sind Allmachtsfantasien, die auf völlig irrigen Vorstellungen beruhen. Zwei ganz wichtige Punkte hierbei sind die folgenden:

1. Gedanken stellen einen peripheren Bereich menschlichen Bewusstseins dar. Die unbewusste Psyche erzeugt ein Vielfaches an Bewegungen und Reizen im Vergleich zu den bewusst wahrgenommenen Gedanken. Das Unbewusste einfach programmieren zu wollen wie einen Computer würde dem Versuch entsprechen, Wellen im Meer mit einer Spielzeug-Wasserpistole zu erzeugen. Gedanken sind nicht unwichtig und eine bewusste Veränderung des Denkens kann manchmal wertvoll sein. Aber vieles in unserer unbewussten Psyche kümmert sich schlichtweg nicht darum, was wir mit unserem bewussten Verstand denken.

2. Physische Realitäten wirken ebenso auf unsere Gedanken ein wie umgekehrt. Die Brücke zwischen Gedanken und der materiellen Welt ist keine Einbahnstraße. Weit bekannt sind ja inzwischen die Zusammenhänge zwischen toxischen Belastungen und dem psychischen Zustand des Menschen. Wenn

zum Beispiel die Entgiftung von Schwermetallen manche Menschen von Depressionen und Selbstmordgedanken befreien kann, spricht dies eine deutliche Sprache.

Sich die Sonne nur gedanklich vorzustellen wird wohl kaum die gleichen Wirkungen haben wie das Schauen in die Sonne. Ich glaube auch nicht, dass man einen Sonnenbrand bekommt, wenn man die Sonne zu lange visualisiert. Der Sonnenyoga ist kraftvoll, weil er mit der Sonne eine immense physische Kraftquelle nutzt. Im Übrigen gibt es den *Agni*-Yoga, in dem in manchen Schulen mit Visualisierung der Sonne gearbeitet wird. Ebenso gibt es *Qigong*-Schulen, in denen Sonne und Mond wechselweise visualisiert werden. Die Wirkungen, die damit erzielt werden, sind offenbar andere als beim Sonnenyoga.

Sich tief auf das Wesen der Sonne einzustimmen, wie es Omraam Mikhaël Aïvanhov empfahl, kann sicher eine starke Wirkung haben, ähnlich wie die innere Ausrichtung auf einen kraftvollen Archetypen. Aïvanhov hat aber wesentlich mehr empfohlen als ein einfaches Visualisieren der Sonne, er regte eher zu einer Kontemplation über das Wesen der Sonne an.

Kann Sonnenyoga emotionale Blockaden auflösen?

Das kommt darauf an, was du unter emotionalen Blockaden und ihrer Auflösung verstehst. Schau mal: Wenn ein vierjähriges Kind von den Eltern vernachlässigt wird, braucht es menschliche Nähe und Wärme. Würdest du einem solchen Kind eine Umarmung schenken oder ihm raten, in die Sonne zu schauen? Emotionale Blockaden gehen oftmals darauf zurück, dass ein Kind bedrohliche Erfahrungen in Beziehungen macht oder einen Mangel an Beziehung erlebt. Nur weil es erwachsen wird, ändert das nichts daran, wie eine solche Blockade oder ein Trauma entstanden ist.

Alle traumatischen Erlebnisse haben auch energetische Korrelationen, gehen oft einher mit Atemblockaden etc. In diesem Bereich können beispielsweise die Techniken der Energiepsychologie wertvolle Hilfe leisten. Wie tief diese Hilfe geht, hängt aber davon ab, wie ein Trauma entstanden ist. So kann man zum Beispiel ein schockierendes Ereignis, wie einen Unfall oder einen Todesfall, sehr wirksam mit EMDR, EFT, MET, WHEE und anderen Techniken bearbeiten und oft allein dadurch gute Resultate erzielen. Aber erfahrene Therapeuten, die diese Methoden lehren, sagen auch übereinstimmend, dass nicht alles damit geheilt werden kann. Wenn eine emotionale Blockade ihren Ursprung nicht in einem konkreten Ereignis, sondern vielleicht in einer Kindheit mit emotional unterkühlten Eltern hat, lässt sie sich wahrscheinlich nur in einem Beziehungskontext in der Tiefe lösen. Emotional wahrgenommen zu werden ist ein natürliches Bedürfnis des Menschen, und die Erfahrung eines frühen Mangels daran wird nur heilen, wenn etwas anderes erlebt wird. Die empathische Präsenz eines Therapeuten ist für diese Ebene von Heilung wichtiger als Techniken.

Zurück zu deiner Frage: Sonnenyoga kann sehr wahrscheinlich dabei helfen, energetische Blockaden in unserem Nervensystem aufzulösen. Das ist nicht immer gleichbedeutend mit einer emotionalen Heilung, die alle Aspekte unserer menschlichen Natur umfasst. Obwohl ich vom Sonnenyoga sehr begeistert bin, würde mich dennoch hüten, ihn als Allheilmittel darzustellen. Im Übrigen ist es kein Eingeständnis von Schwäche, dass wir manchmal andere Menschen brauchen, um Heilung zu erfahren. Wirklich stark und reif sind wir erst dann, wenn auch die verletzliche Seite unserer menschlichen Natur da sein darf.

Letzten Endes hängt viel davon ab, was Heilung für uns bedeutet. Manchmal können sehr wirksame energetische Techniken dazu führen, dass wir nur noch die Ströme des Energiekörpers als Maßstab für psychische Gesundheit gelten lassen. Dann spüren wir vielleicht einen ausgesprochen frei fließenden Lebensstrom in uns, sind aber in zwischenmenschlichen Beziehungen genauso neurotisch und ratlos wie vorher.

Wie soll sich Heilung auf unser Leben auswirken? Solche Fragen können uns leiten und davon abhalten, Heilung mit einer zu begrenzten Herangehensweise zu suchen.

Manche Vertreter des **Bhakti Yoga** *sagen, dies sei der höchste Weg zu Gott, andere sagen,* **Kriya Yoga** *sei am effektivsten. Nun kommt auch noch der Sonnenyoga. Was ist denn nun der effektivste Weg?*

Keiner, denn eine solche Aussage kann nicht gemacht werden. Ich habe noch nie erlebt, dass jemand mit einem Weg oder einer Methode innerlich gewachsen ist, wenn nicht sein Herz dabei war. Wenn ich dir sagte, Sonnenyoga sei besser als alles andere, und du glaubtest mir einfach und praktiziertest ihn dann mechanisch– was käme schon Gutes dabei heraus? Es gehört meiner Ansicht nach zu den Kinderkrankheiten östlicher spiritueller Lehren, dass sie immer den Anspruch haben, die höchsten, effektivsten, von den größten Übermeistern vermittelte Lehre zu sein. Das erzeugt von vornherein einen psychischen Druck, der leicht dazu führen kann, dass man nicht ehrlich mit der eigenen Erfahrung ist. Wenn mir jemand sagt, er habe einige Zeit Sonnenyoga gemacht, ohne dass es etwas gebracht habe, nehme ich das ernst und rate diesem Menschen, zu sich zu stehen.

Du bist wichtiger als irgendein spiritueller Weg. Was auch immer dir irgendwelche Lehren vermitteln, soll im besten Fall dir auf deinem Weg helfen.

Wird ein Weg vor vornherein als der beste und höchste propagiert, steht der Schüler auf einer subtilen Ebene unter Druck, nun auch die großartigen Resultate zu erleben, denn er ist ja schließlich auf dem besten und höchsten Weg. Der Lehrer kommt in seinem Konzept durcheinander, wenn der Weg für manche nicht so funktioniert, wie es in der Werbung auf seiner Internetseite behauptet wird.

Der beste Weg ist der, der den jeweiligen Menschen im tiefsten Herzen berührt, von allein seine Aufmerksamkeit und Faszination erweckt. Für viele Menschen mag es das Beste sein, ganz ohne Anregungen durch andere ihren Weg zu gehen. Sicherheit durch Konzepte gibt es in der Spiritualität nicht. Dem Nicht-Wissen zu begegnen ist eine Basis gesunder Spiritualität.

Wenn Menschen von Natur aus viel sonnenempfindlicher sind als andere, ist dann Sonnenyoga für sie ratsam?

Sonnenyoga wird sicher nicht für jeden Menschen passen. Ich selbst war früher sehr sonnenempfindlich, und die Fähigkeit meines Körpers, Sonne zu verarbeiten, hat sich durch Sonnenyoga erheblich verbessert. Ich hatte aber auch von Anfang an Freude am Sonnenyoga.

Vielleicht haben manche Menschen aufgrund ihrer Empfindlichkeit eher Schwierigkeiten mit der Idee, in die Sonne zu schauen. Ich würde nie anderen eine Übung oder einen inneren Weg empfehlen, wenn sie dabei kein freudiges, stimmiges Gefühl hätten.

Ich rate immer jedem Menschen, sich selbst als die wichtigste Autorität in spirituellen Dingen zu betrachten. So liegt man sicher auch manchmal daneben, aber generell wird man wahrscheinlich eher der eigenen weisen inneren Stimme vertrauen, anstatt diese zu ignorieren, weil man glaubt, die Stimme anderer Menschen sei wichtiger.

Könnte man nicht auch in eine künstliche Sonne schauen, zum Beispiel im Winter? Winterdepressionen werden ja auch mit sehr starkem Licht therapiert.

Eine künstliche Sonne hat niemals das Energiespektrum der natürlichen Sonne und wird außerdem von Geräten erzeugt, die starke elektromagnetische Wechselfelder produzieren. Die Behandlung einer Krankheit wie der Winterdepression ist etwas anderes als eine meditative Praxis. Ein depressiver Mensch kann auch von starkem künstlichem Licht profitieren, aber beim Gesunden kann dies auch zu einer ungünstigen Stoffwechsellage mit einer überhöhten Ausschüttung von Adrenalin führen. Mit Ausnahme einer von einem Therapeuten empfohlenen Anwendung würde ich nie dazu raten, lange in künstliches Licht zu schauen.

Die Natur lässt sich zwar mithilfe von intelligenten technologischen Ansätzen teilweise nachahmen, aber niemals wirklich duplizieren. Echte Naturkräfte wie die Sonne sind für uns Menschen unverzichtbar.

Müsste man die Sonnenenergie nicht mit der des Mondes ausgleichen? Ist es nicht einseitig, nur in die Sonne zu schauen und nicht auch in den Mond?

Im Sonnenyoga ist die Energie der Erde komplementär zu der der Sonne. Es ist ja auch das Zusammenspiel zwischen Sonnenenergie und Erdenergie beziehungsweise Erdatmosphäre, das Sonnenlicht und Sonnenwärme erst ermöglicht. An einem heißen

Sonnentag ist es außerhalb der Erdatmosphäre minus 270 Grad kalt und das Weltall ist dunkel. Erst das Zusammenspiel von Erde und Sonne erzeugt Licht und Wärme. Das Barfußgehen ist ja bei HRM ein ganz wichtiger Punkt und auch andere Formen des Sonnenyoga legen Wert auf bewussten Kontakt mit Erdenergien.

Natürlich gibt es viele Mythologien und Ideen, die Sonne und Mond als eine Art komplementäres Team sehen. Allerdings bin ich mir nicht so sicher, wie viel davon Vorstellungen über die Sonne widerspiegelt, die meiner Meinung nach nicht richtig sind. So wird ja oft gesagt, die Sonne sei der männliche und der Mond der weibliche Pol. Im Zusammenhang damit wird geglaubt, die Sonne sei ein heißer Feuerball und die Energie des Mondes kühlend. Wer länger Sonnenyoga macht, erfährt aber häufig das Wesen der Sonne ganz anders, jenseits dieser Polarität.

Ich erlebe den Sonnenyoga bislang nicht so, dass etwas fehlt, wenn ich nicht im gleichen Maß in den Mond wie in die Sonne schaue. Ich habe auch nicht erlebt, dass Sonnenyoga einseitig den Sonnenkanal in der Wirbelsäule aktiviert, sondern dass viel mehr der Zentralkanal geöffnet wird. (Yoga-Lehren sprechen von „Sonnenkanal", „Mondkanal" und dem „Zentralkanal", der sich dann öffnet, wenn Sonnen- und Mondkanal ausgeglichen sind.)

Vielleicht ist es aber genau für dich wichtig, in den Mond zu schauen. Möglicherweise gibt es individuelle Varianten des Sonnenyoga für manche Menschen, die diese ganz für sich entdecken müssen.

Wie sieht es mit Sonnenyoga bei psychisch labilen Menschen aus? Kann Sonnenyoga ihnen helfen, oder besteht die Gefahr, dass sie zu viel Energie aufnehmen, die sie eher weiter aus dem Gleichgewicht bringt?

Gute Erfahrungen mit *Sungazing* nach HRM gibt es bislang bei Depressionen. Das ist auch nicht überraschend, schließlich ist es für depressive Menschen ja meistens günstig, wenn ihr Nervensystem durch gesunde Energieschübe aktiviert wird. Außerdem treten Depressionen vermehrt in den sonnenarmen Monaten und in sonnenarmen Klimazonen auf.

Wie Menschen, die anderweitig psychisch instabil sind, in Bezug auf Sonnenyoga reagieren, damit habe ich bislang keine Erfahrung. Bei manischen Tendenzen würde ich eher vom Sonnenyoga abraten, bis eine Stabilität in der Psyche erreicht worden ist.

Wichtig in diesem Zusammenhang ist, dass wir die sehr menschliche Neigung berücksichtigen, Probleme auf eine Weise anzugehen, die nicht allzu unbequem ist. Psychische Probleme zu konfrontieren und in Therapie ehrlich aufzuarbeiten, ist ernüchternd und erfordert ein Anschauen dessen, was tatsächlich da ist. Spirituelle Praktiken können den Menschen manchmal verleiten zu glauben, alle Probleme ließen sich elegant überwinden, ohne dass er sich einer echten Auseinandersetzung mit ihnen stellen müsse. Dieses magische Denken ist nicht hilfreich. Wenn ich sehe, dass ein psychisch stark belasteter Mensch sich erhofft, durch Sonnenyoga einfach alle Belastungen loszuwerden, bin ich eher skeptisch.

Wenn Sonnenlicht eine so große Kraft ist, wäre es dann nicht sinnvoll, auch andere Übungen wie Yoga-Asanas oder Qigong in der Sonne durchzuführen?

In der Morgensonne innerhalb einer Stunde nach Sonnenaufgang kann es unterstützend sein, Yoga oder *Qigong* im Sonnenlicht zu machen. Der Morgensonne zugewandt zu praktizieren wird im *Qigong* oft empfohlen. Aber es gibt auch in den meisten *Qigong*-Systemen die Empfehlung, nicht in der prallen Mittagssonne zu praktizieren. Die Sonne außerhalb der ersten Stunde nach Sonnenaufgang und der letzten Stunde vor Sonnenuntergang wirkt bei Energieübungen generell erst dann unterstützend, wenn man in der Praxis des Sonnenyoga fortgeschritten ist. Wir sollten ja auch beim direkten Sonnenyoga nicht einfach damit anfangen, zu jeder beliebigen Tageszeit in die Sonne zu schauen. Wenn ein Schauen in die Mittagssonne für die Augen angenehm und für längere Zeit möglich ist, kann man das Sonnenlicht sicher viel effektiver als Energiequelle nutzen und dann auch andere Energieübungen in der Sonne machen.

Wie wichtig ist es denn, an die Effekte von Sonnenyoga zu glauben? Ist es nicht zu einem großen Teil ein Placebo-Effekt, was bei Menschen passiert, die von Sonnenyoga überzeugt sind?

Sunyogi hat den Sonnenyoga spontan entdeckt, als er in die Sonne schaute, niemand hat ihm vorher Ideen dazu ins Gehirn gepflanzt, und doch hat es sein Leben völlig transformiert. Außerdem habe ich oft gesehen, dass Menschen, die sehr stark an die magische Wirkung einer spirituellen Praxis glaubten, relativ wenig reale Effekte erlebten.

Spirituelle Placebo-Effekte sind flüchtig und halten einer Überprüfung im Leben nicht stand. Wenn man sich in der Meditation in sehr angenehme Zustände begeben kann, ohne dass es eine transformierende Wirkung auf den Alltag hat, ist das wohl wenig effektiv. Außerdem ist es meine Erfahrung, dass viele Menschen dem Sonnenyoga zuerst mit einer gewissen Skepsis begegnen, weil sie die verbreiteten Ängste kennen, direkt in die Sonne zu schauen führe zu Augenschäden.

Im Übrigen muss ich nicht an die Wirkung der Sonne glauben, um sonnengebräunt zu werden. Manche physischen Effekte finden einfach statt, woran auch immer der Mensch glaubt. Kleine Kinder mögen nicht wissen, was Vitamin D ist, aber es wird trotzdem in ihrem Körper produziert, wenn sie sich in der Sonne aufhalten.

Generell erlebe ich es so, dass die tiefsten Transformationen mit Sonnenyoga oder anderen spirituellen Praktiken dann geschehen, wenn der Geist einfach offen ist, ohne durch mentale Konzepte die Effekte vorwegnehmen zu wollen.

Führt Sonnenyoga zur Entwicklung von Siddhis *(übernatürlichen Kräften)?*

Würde dich das etwa mehr motivieren, Sonnenyoga zu praktizieren? Warum willst du *Siddhis*?

Ich stelle mir vor, dann viel Gutes tun zu können, zum Beispiel zu heilen ...

Vor dieser Art Denken warnen die Traditionen, in denen die Existenz von *Siddhis* durchaus anerkannt wird. Yogananda sprach davon, dass spirituelle Illusionen am schwersten losgelassen werden können. *Siddhis* sind Illusionen. Es mag potenziell außergewöhnliche Kräfte im Menschen geben, aber der Wunsch, das Leben mit den Kräften eines Yogi oder eines Comic-Helden in den Griff zu bekommen, ist ein Zeichen von Angst. Menschliches Leben bringt eine Verletzlichkeit mit sich, die es anzunehmen gilt. Ein *Sutra* des Zen-Buddhismus beschreibt Erleuchtung sehr schön als den Zustand, in dem man keine Einwände mehr gegen die Unvollkommenheiten des Lebens hat.

Wenn Sonnenyoga zu echter innerer Reife beiträgt, wird er in Menschen die Ängste auflösen, aus denen ein Wunsch nach *Siddhis* entsteht.

Du sprichst im Zusammenhang mit Sonnenyoga nicht viel über die Liebe. Sollte man auf dem spirituellen Weg nicht Liebe und Mitgefühl entwickeln?

Ich habe neulich von einer Meditationslehrerin gehört, die sagte, dass sie nach drei Jahren Praxis, inklusive Meditation über liebende Güte, erst mal gelernt hat, richtig zu hassen. Wenn im spirituellen Supermarkt sich eine Idee nicht bewährt hat, dann scheint es mir die zu sein, dass wir die Nebenwirkungen der Erleuchtung anderer Menschen imitieren sollten. Im Prozess spirituellen Erwachens werden viele wunderbare Qualitäten im Menschen von Überlagerungen befreit. Werden aber durch authentisches inneres Erwachen Mitgefühl und Liebe freilegt, dann sicher nicht, weil der Mensch sich das willentlich so vorgestellt hat. Wenn wir versuchen, liebevoll zu sein, weil wir inspirierende Geschichten über Heilige hören oder ein idealisiertes Selbstbild von uns entwerfen, übergehen wir mit großer Wahrscheinlichkeit vieles, was in unserer Psyche existiert. Viele Tempel in China und Burma sind so aufgebaut, dass du zunächst den *Arhats* begegnest, schrecklich wirkenden Gestalten, die sehr bedrohlich schauen. Gehst du dann weiter, kommen irgendwann die gütig lächelnden Buddhas im Innern des Tempels. Diese Symbolik lässt sich auf die Psyche des Menschen übertragen. Die Liebe ist schon da, im inneren Heiligtum, aber dahin kommen wir, wenn wir den Dämonen nicht ausweichen.

Geht man einen inneren Weg, dann bedeutet Liebe zunächst einmal, die Wahrheit zu lieben, sie mehr zu schätzen als eine Wunschvorstellung, egal wie erhaben diese auch sein mag. Wenn Liebe eine intrinsische Wirklichkeit des menschlichen Wesens ist, wird sie sich in einer auf die eigene Wahrheit ausgerichteten inneren Praxis auch offenbaren. Vorher schon so zu tun, als sei

Liebe die bestimmende Kraft unseres Lebens, ist wenig hilfreich. Natürlich sind Güte im Alltag und Engagement für andere sehr wertvoll, ob man nun irgendeine Meditationsform praktiziert oder nicht. Ich würde nur nicht dazu raten, Liebe zu einem verinnerlichten Soll zu machen. Kinder werden neurotisch, wenn ihre Eltern ihnen ihre Liebe in übertriebener Weise versichern, die Kinder diese aber nicht wirklich spüren können. Liebe ist dann wertvoll, wenn sie echt ist, und das wird nicht durch einen Willensakt möglich gemacht. Übrigens erlebe ich Sonnenyoga als ausgesprochen förderlich für die Freilegung der Liebe im Herzen. Aber das wird jeder selbst erfahren, der sich auf Sonnenyoga einlässt. Insofern habe ich Vertrauen darin, dass der Sonnenyoga den Menschen wirksam darin unterstützt, tiefer zu lieben.

Anhang

Wichtige Adressen

www.sonnenyoga.org
Deutschsprachige Webseite mit allen Informationen rund um das Thema „Sonnenyoga" und zu Veranstaltungen mit Sunyogi Umashankar

www.befreite-ernaehrung.de
Umfassende Informationen zu den Themen:
- Befreite Ernährung. Eine Anleitung zur Widerentdeckung der körpereigenen Ernährungsinstinkte
- Ausbildung zum Berater für Bioelektrische Gesundheit. - Ein umfassendes Training in der Kultivierung von *Jing*, *Qi* und *Shen*
- *Kunlun System®* nach Max Christensen
- Seminare und Veranstaltungen mit Christian Dittrich-Opitz

www.stefanstrecker.de
Homepage von Stefan Strecker, Coach, Seminarleiter und erfahrener Sonnenyogi. Stefan Strecker offeriert ein vielfältiges Angebot von persönlichem Coaching, Bewusstseinsschulung, Lösung innerer Blockaden, Persönlichkeitsentwicklung.

Ruth-dittrich.de
Ruth Dittrich bietet qualitativ hochwertige Kurse u. a. in folgenden Bereichen an:
- Therapeutische Wasserarbeit mit Babys
- Entspannungsverfahren wie PMR und Autogenes Training
- Tanztherapie

www.sanacell.de
Hochwertige Wasserfilter und viele andere Produkte und interessante Veranstaltungen rund um das Thema Gesundheit

www.keimling.de
Exzellente Produkte für eine rohkostreiche Ernährung, hoher Qualitätsstandard

www.yang-mian.de
Yang Mian ist eine erstaunlich wirksame innere Kampfkunst, bei der *Qi* spürbar entwickelt wird. Rami Al-Kass ist ein Lehrer mit überragenden Fähigkeiten und vermittelt innere Kampfkunst auf hohem Niveau.

Literaturverzeichnis

Aïvanhov, Omraam Mikhaël: *Sonnen-Yoga. Surya-Yoga. Die Herrlichkeit von Tiphereth.* Rottweil: Prosveta Verlag 2006

Bates, William H.: *Rechtes Sehen ohne Brille. Heilung fehlerhaften Sehens durch Behandlung ohne Brille.* (hrsg. v. O. Roth) Neuauflage November 2013. Bietigheim-Bissingen: Rohm Verlag 2013

Boutenko, Victoria: *Green for Life. Grüne Smoothies nach der Boutenko-Methode.* Freiburg: Hans-Nietsch-Verlag 2009

Boutenko, Victoria: *Grüne Smoothies. Lecker, gesund und schnell zubereitet.* Emmendingen: Hans-Nietsch-Verlag 2010

Christensen, Max: *KUNLUN® System. The Path of Inner Alchemy Leading to the Truth Within.* Primordial Alchemist LLC. (Hawaii) 2012

Cousens, Gabriel: *Ganzheitliche Ernährung und ihre spirituelle Dimension – Ein Standardwerk der neuen Ernährungsforschung.* Freiburg: Hans-Nietsch-Verlag 2002

Govindan, Marshall: *Babaji. Kriya Yoga und die 18 Siddhas.* Emmendingen: Hans-Nietsch-Verlag 2010

Greb, Peter: GODO. *Mit dem Herzen gehen. Der Gang des neuen Menschen.* Burgrain: Koha Verlag 2000

Härtel, Matthias: *Das Geheimnis unserer eiskalten Sonne.* Peiting: Freier Falke Verlag im Michaels Verlag 2006

Hobday, Richard: *Sonnenlicht heilt. Wie wichtig Sonnenlicht für unsere Gesundheit ist.* Kirchzarten: VAK Verlag 2001

Kervran, Corentin Louis: *Biological Transmutations.* Happiness Press (P.O. Box DD, Magalia, California 95954) 1989

Maar, Klaus: *Rebell gegen Krebs. Grundlagen der biologischen Intensivtherapie – Neue Hoffnung für Patienten?!!!.* Rottenburg a. N.: Kopp Verlag 2008

Mette, Adelheid: *Die Erlösungslehre der Jaina. Legenden, Parabeln, Erzählungen.* Berlin: Verlag der Weltreligionen im Insel Verlag 2010

Ober, Clinton; Sinatra, Stephen T.; Zucker, Martin: *Earthing – Heilendes Erden. Gesund und voller Energie mit Erdkontakt.* Kirchzarten: VAK Verlag 2012

Paramhansa Yogananda: *Autobiographie. Übersetzung der Originalausgabe von „Autobiography of a Yogi" aus dem Jahre 1946.* Freiburg: Hans-Nietsch-Verlag 2006

Ratan Manek, Hira: *Sungazing. Vom Sonnenlicht leben.* (hrsg. von Vina Parmar u. a.) Neuenkirchen: RaBaKa Publishing 2011

Schauberger, Viktor; Schauberger, Jörg: *Das Wesen des Wassers. Originaltexte.* Aarau: AT Verlag 2006

CHRISTIAN OPITZ

Befreite

Ernährung

Wie der Körper uns zeigt, welche
Nahrung er wirklich für Gesundheit
und Wohlbefinden braucht

HANS-NIETSCH-VERLAG

www.nietsch.de

CHRISTIAN OPITZ

Befreite ATMUNG

mit ÜBUNGS-DVD

Lebensenergie und Wohlbefinden fördern
mit entspanntem natürlichem Atem

HANS-NIETSCH-VERLAG

Radhanath Swami

Journey Home

Autobiografie
eines amerikanischen Yogi

HANS-NIETSCH-VERLAG

Erscheint am 10.4. 2013

www.nietsch.de